高技能人才技术更新·技能研修丛书

现代服务业新技术应用

本书编委会　组织编写

中国劳动社会保障出版社

图书在版编目(CIP)数据

现代服务业新技术应用/本书编委会组织编写. -- 北京：中国劳动社会保障出版社，2023

（高技能人才技术更新·技能研修丛书）

ISBN 978-7-5167-5963-9

Ⅰ.①现… Ⅱ.①本… Ⅲ.①服务业-新技术应用 Ⅳ.①F719-39

中国国家版本馆 CIP 数据核字(2023)第 161295 号

中国劳动社会保障出版社出版发行

（北京市惠新东街 1 号　邮政编码：100029）

*

北京市艺辉印刷有限公司印刷装订　新华书店经销

787 毫米×1092 毫米　16 开本　11.25 印张　198 千字

2023 年 9 月第 1 版　2023 年 9 月第 1 次印刷

定价：32.00 元

营销中心电话：400-606-6496

出版社网址：http://www.class.com.cn

本书编委会

主　任　仇朝东　葛　玮

副主任　顾卫东　赵　欢

委　员　张承英　吴福民　何亚飞　谢小菲

　　　　虞春鸣　黄海庆　瞿伟洁　徐建琴

本书编审人员

主　编　谢小菲

编　者　殷延海　王　翎　杨蓓娜　谢小菲

　　　　罗海峰

主　审　宋春杨　曹　静

审定委员会

内 容 简 介

本书是“高技能人才技术更新·技能研修丛书”中的一本，面向现代服务业三级/高级工及以上级别高技能人才。全书共分6章，主要包括：数字化营销、服务机器人与智能服务、智慧零售服务、智慧物流服务、智慧文旅服务、智慧社区服务。

本书通过相关概念、知识叙述，新技术场景应用描绘，实际案例分析，帮助高技能人才了解必要的新技术知识，推动高技能人才岗位创新和价值创造。全书文风朴实、通俗易懂、具有启发性，是高技能人才参加技术更新、技能研修活动的必备教材。

内容简介

前　言

党和国家对高技能人才队伍建设高度重视，二十大报告对高技能人才赋予了更高定位，强调要加快建设国家战略人才力量，努力培养造就更多高技能人才。为贯彻二十大精神，推动落实《“十四五”职业技能培训规划》《关于加强新时代高技能人才队伍建设的意见》中“加强先进制造业、战略性新兴产业、现代服务业、建筑业以及现代农业等产业高技能人才培养”“加大技师、高级技师、特级技师研修培训”“对企业关键岗位的高技能人才，开展新知识、新技术、新工艺等方面培训”“建立技能人才继续教育制度，定期组织开展研修交流活动，促进技能人才知识更新与技术创新、工艺改造、产业优化升级要求相适应”等要求，推动高技能人才技术更新和技能研修工作，进一步提升高技能人才自身技能水平和职业素养，提高其专业知识水平、解决实际问题能力和创新创造能力，更好地发挥高技能人才在企业中的核心骨干作用，为大力实施人才强国和创新驱动发展战略，建设制造强国、质量强国、技能中国提供坚实的技能人才保障，在人力资源社会保障部教材办公室指导下，我们组织有关专家编写了“高技能人才技术更新·技能研修丛书”，配合人社系统高技能人才技术更新、技能提升、研修交流项目的实施。

丛书由《高技能人才通用职业能力》和若干种介绍产业、行业新技术应用的教材组成。《高技能人才通用职业能力》面向各行业所有三级及以上技能人员。教材通过培养高技能人才数字化技能应用、技能人才团队建设与管理、知识产权保护、技术总结和专业技术论文撰写等能力，提升高技能人才职业技能竞赛组织与命题、技师工作室管理与运作、担任企业技能教练并进行高师带徒的技能水平，推动高技能人才岗位创新和价值创造。产业和行业新技术应用教材注重我国经济社会发展急需高技能人才掌握的四新技术，反映了高技能人才技术更新、技能提升、研修交流的内在要求，体现了较好的适用性和先进性。

本书在编写过程中得到上海市技师协会、中国宝武钢铁集团有限公司、百联集团有限公司、上海第二工业大学等单位，以及大金空调（上海）有限公司陆忠明、上海飞机制造有限公司戴渊、上海锅炉厂有限公司金德华、上海地铁维护保障有限公司通号分公司徐建军、中国铁路上海局集团有限公司上海动车段张华、上海锦江汤臣洲际大酒店翁建和、上海电气李斌技师学院姚菁、上海申通地铁集团有限公司轨道交通培训中心叶华平、上海华联商厦有限公司张崇禧等专家的大力支持与协助，在此一并表示衷心感谢。

由于编写时间有限，不足之处在所难免，欢迎各使用单位及个人对本书提出宝贵意见和建议，以便修订时补充更正。

本书编委会

2023 年 9 月

目　　录

第 1 章 数字化营销

第 1 节　数字化转型和数字化营销

一、数字化转型简介

数字经济是全球未来的发展方向，是推动世界经济发展的重要动力。对于企业而言，数字化是现代企业运行的一种新模式。企业要以数字化技术为手段，以创新为原动力，遵循数字经济规律，使自己成为知识型企业。

2020 年，中国信息通信研究院发布了《中国数字经济发展白皮书（2020 年）》，其中指出，从生产力和生产关系的角度来看，数字经济由数字产业化、产业数字化、数字化治理和数据价值化四个部分构成，其中数字产业化、产业数字化是数字经济的核心产业。由清华大学全球产业研究院李东红研究团队主编的《中国企业数字化转型研究报告（2020）》指出，国内众多行业头部企业的数字化转型，已经从最初的探索尝试阶段发展到数字化驱动运营阶段，转型效果显著。他们充分利用数字化技术强化核心业务，发现新的业务价值点，助力产品和服务创新，衍生出全新的数字化业务和商业模式，使数字化持续为企业业绩做出贡献，实现良性循环。

那么，数字化转型是什么呢？

各行各业对此有着不同的理解。埃森哲咨询公司（以下简称埃森哲）的研究团队认为，数字化转型的最显著特征就是通过数字化应用提升运营效率。中国各行业的数字化转型水平整体仍处于初级阶段，尽管多年来中国各家企业都关注数字化转型，但转型紧迫感和举措执行力并不强。在埃森哲发布的《2019 中国企业数字转型指数研究》中，埃森哲认为转型领军者的数量大约为中国企业的 9%，比 2018 年增加 2%。根据埃森哲的观点，数字化转型本身具有不确定性，转型没有固定的形态和一成不变的路径，转型要达到的目标也随企业实际情况的不同而千差万别。埃森哲研究团队从领军企业的业务转型实践中发现，转型领军者主要在“商业创新”“主营业务增长”和“智能化运营”三大方面投入力量提升企业数字化程度，更关注“颠覆产业价值链的可能性”和“提升市场份额”，并采用比其他企业更短的数字化转型效果评估周期。数字化转型是手段不是目的，转型的目的是帮助企业解决问题，创造价值。以终为始，企业要先清楚自己业务或管理的瓶颈所在，有针对性地引入数字化技术予以改造。

麦肯锡全球研究院在 2017 年 12 月报告中（该报告研究了中国 22 个行业的数字化水平）提出“数字化”包括三个方面的内容：资产数字化、运营数字化、劳动力数字化。报告认为，预计到 2030 年，三种数字化推动力（去中介化、分散化和非物质化）或可转移与创造 10%~45%的行业收入，其中去中介化和分散化的影响最为显著。在美国，数字化转型贡献了约 20%的咨询业务，该领域在 2017 年增长了 17%，远远超过了传统咨询公司 5%的增长率。

国际数据公司（IDC）在 2018 年 1 月召开的企业数字化转型与创新案例大会上提出，数字化转型分为领导力转型、运营模式转型、工作资源转型、全方位体验转型、信息与数据转型五个方面。企业对数字化转型会越来越重视，会把数字化转型、数字化、信息化、基于信息化的数字产品作为未来重大发展战略。

作为科技企业的代表，微软公司认为，经历过数字化转型后，每家公司都将成为软件公司，如何形成全公司的产品化思维是一大难点，相当于要求公司的内部运营组织也要具有软件开发的能力，这样才能实现以产品化思维来改造内部运营流程，而开发出来的软件既可以服务于内部运营流程，也可以成为产品团队的软件产品。以此为目标，微软公司将内部运营团队也转型为更高效率的产品与战略组织。在这一过程中，微软公司的数字化转型的四大核心能力可以概括为：客户交互、赋能员工、优化业务流程、产品与服务转型。

2019 年 7 月 5 日，在“2019 中国数字企业峰会”上，阿里巴巴副总裁、阿里 CIO 学院院长胡臣杰在“数字企业案例与实践”专题论坛中发表了主题为“从信息化到数字化”的演讲，他提到：今天人们正在经历一个非常伟大的阶段，就是物理世界数字化，同时又从数字世界反馈到物理世界当中。阿里巴巴提倡“一切业务数据化，一切数据业务化”，认为数字化是一个“从业务到数据，再让数据回到业务的过程”。阿里巴巴公司认为，企业数字化转型关键在于三点：IT（信息技术）架构统一、业务中台互联网化、数据在线智能化。

纵观世界经济发展进程，每一次科技进步都伴随着生产力的创新发展，推动着社会的整体进步，从而使世界经济向新的历史阶段迈进。根据国际数据公司（IDC）全球数字化转型支出指南显示，2020—2022年，全球组织在数字化转型上的支出继续保持稳定增长。国际数据公司（IDC）研究报告称，全球1 000家大企业中，67%已将数字化转型变成企业级战略，随着新技术的持续发展，未来所有企业都将成为科技公司。预计2023年由数字化产品和服务驱动的数字经济的占比将达到51.3%，成为市场主流。当企业在寻求数字化转型时，营销也在同步寻找转型。与传统营销不同，营销的数字化转型对渠道、品牌等都提出了更高的要求。

依托全球高速信息网络与实体经济的深度融合，数字经济以数字化技术为核心驱动力，以数字化信息数据为关键生产要素，对世界经济增长的重要影响日趋显现。随之而来的是企业面临着从生产制造、供应链、市场营销，到内部管理等多方面的数字化升级。营销的数字化转型是企业数字化升级的重要突破口，在新的时代背景下，传统企业不断寻求线上化、数字化的转型方案，营销数字化转型是否成功，决定着整个企业的未来。

那营销的数字化转型究竟转什么，怎么做才算是在转型呢?

在所有零售行业中，人、货、场是永恒不变的三要素，所以营销的转型，无论怎么转，都不可能改变营销的底层逻辑。营销是对客户施加影响，从而改变客户行为的过程。2019年，中新经纬研究院发布《智慧零售行业洞察报告》指出，随着居民消费结构、消费模式的改变，零售业运用大数据、云计算等技术，实现零售核心要素的数字化和运营的智能化，以更高效率和更好的体验为客户提供商品和服务的智慧零售时代已经到来。在人、货、场三要素中，人是指客户，企业通过对客户大数据的整理，如客户的爱好、年龄、教育水平，进行精准的营销。货是指供应链，从产品的设计、生产，到客户的反馈，企业以大数据、城市人口布局为基础，进行供应链的布局。场是指场景，包括线上应用程序个性化的推送，线下通过大数据的运算，进行的场景应用。

营销数字化转型是借助数字传播渠道，如互联网、计算机通信技术和数字交互式媒体来推广产品和服务的实践活动，企业可以以一种及时、相关、定制化和节省成本的方式与客户进行沟通。企业以客户为中心，通过数字化营销找到客户在哪里，搞清产品定位于哪些客户，其用户画像是什么，最终进入一个以客户感受、客户体验为导向的营销时代。

二、数字化营销的定义和特点

数字化营销就是借助互联网、计算机通信技术和数字交互式媒体来实现营销目标的一种营销方式。数字化营销将尽可能地利用先进的计算机网络技术，最有效、最省钱地谋求新市场的开拓和新客户的挖掘。基于明确的数据库对象，通过数字化多媒体渠道，如电话、短信、邮件、电子传真、网络平台等数字化媒体通道，实现营销精准化，使营销效果可量化，数据化。其核心就在于让广告在合适的时间，通过合适的载体，以合适的方式，通过互联网投给合适的人。

现代营销学之父菲利普·科特勒认为，数字化是营销的未来，互联网、社交媒体和电子商务等技术已出现，企业开始将传统世界与数字世界结合在一起，开展“全渠道”营销。他认为，当今世界先进技术，如人工智能（AI）、物联网（IoT）、自然语言处理（NLP）和虚拟现实（VR）等的快速发展，以及数字化技术的突飞猛进所带来的深入的数据管理、分析和挖掘，可以更好地服务客户。

在大数据时代，客户日常生活中的每一个行为和足迹都是有价值的。将客户在不同的设备和平台上的个人数据和行为轨迹记录下来，会产生大量的数据，通过对这些数据进行分析，企业能实现真正意义上的数字化营销。

数字化营销会呈现以下五个特点。

1. 客户数据获取渠道多样性

客户数据来源于多个渠道，除了从各平台如 APP（应用程序）、微信公众号、小程序、短信、网页、手机端 h5（第五代超文本标记语言）等获取数据外，还可以从像智能家居设备、可穿戴设备、智能显示屏、POS 机（销售点终端）等一切能与客户发生关系的设备上获取数据。

2. 客户数据时效性强

大数据营销具有很强的时效性，客户的购买行为和购买方式非常容易在短时间内就发生变化，随着时间的推移，当下数据的保留价值越来越低。例如，人们在装修房子的时候，就会成为各装修材料商和电器商进行营销的目标客户，这些装修材料商和电器商会定期推送相关信息，然而在完成装修后半年，他们就不会再推送任何信息。这个例子在一定程度上说明，数据是具有时效性的，因而掌握有效和准确的数据对于运用数据的市场营销人员来说至关重要。

3. 个性化的营销

营销方式发生了很大的变化，大数据技术可以按照客户的需要提供个性化的产品，可以让企业明确目标客户身处何方，使广告宣传精准推送，在精准信息的基础上对收集到的信息内容开展结构化分析，在客户需求最充沛时及时推行营销策略，最大限度地满足客户需求。并且利用网络发布产品信息，节约成本，完成客户和资源的智能化配对，更好地满足客户的需求。

4. 提供无限大的产品选择空间

数字化营销不受货架和库存的限制，提供巨大的产品展示厅和销售仓库，为客户提供几乎无限的选择空间。数字化营销还可以提供当前产品详尽的规格、技术指标、保修信息、使用方法等，甚至对常见的问题提供解答。客户可以方便地通过互联网查找产品、价格、品牌等。

5. 降低营销成本

受众准确，避免了许多无用的信息传递。企业通过互联网平台发布信息，将产品直接推销给客户，可缩短分销环节，拓宽销售范围，方便快捷，节省促销和人员费用，从而降低成本，使产品具有价格竞争力。加之营销信息的精准投放，产品受众准确，避免了许多无用的信息传递。另外，还可根据订货情况来调整库存量，降低库存费用，交易结算快，加速了企业的资金周转，提高资金的有效利用率。

三、以客户为核心的数字化营销

现代管理学之父彼得·德鲁克管理思想的核心就是“以客户为中心”。他认为，以客户为中心的前提是，要先搞清楚谁是客户，谁又决定着企业未来的发展。所以衡量商品价值的前提是，它能够为客户提供什么样的价值。无论传统营销还是数字化营销，客户都是战略规划的基础。“以客户为中心”的数字化营销战略，不仅能够帮助企业将更多的互联网用户转化为客户，即获得更多的客户转化，提高收入和利润，还有助于优化企业的业务流程，从而降低成本。

所以，“以客户为中心”的数字化营销战略更容易帮助企业建立起业务“护城河”，持续提升企业的竞争优势。在“以客户为中心”的数字化营销战略中，商家根据用户在互联网上留下的个人信息、检索词、配送地址、浏览足迹、网页停留时间等信息，形成用户个性化大数据库，对数据进行挖掘、存储、分析、处理，并针对每一类数据实体进一步分解可落地的数据维度，刻画用户的每一个特征，了解用户深层的个性化需求，再聚集起来形成用户画像就自然成为数字化营销的重中之重。没有用户画像的数字化，不过是个摆设。数字化的威力，只有通过用户画像才能显示出来。

用户画像是指根据用户的属性、偏好、生活习惯、行为等信息而抽象出来的标签化用户模型，具体包括以下内容。

1. 人口学特征

该特征如性别、年龄范围、教育程度、收入、家庭状况、所属行业等。

2. 生活方式特征

该特征如消费特征，包括消费状况、消费习惯、购买力、消费地点偏好、饮食偏好、设备使用偏好等。

3. 线上行为特征

该特征即上网行为特征，包括网站浏览行为、邮件使用、搜索行为、APP 类型选择和使用等特征。

4. 线下行为特征

该特征如出行规律、商圈级别、差旅习惯，以及旅行目的地、酒店选择偏好等。

5. 社交行为特征

该特征如社交人群、社交习惯、关注明星或 KOL（意见领袖）、关注影视等。

数字化营销的用户画像，就是利用大数据的海量信息，找到用户的上述各种信息，发现其中更多不易被人察觉的关联，并利用这种关联分析的结果找出用户行为背后的原因，即用户是基于什么样的观念和态度来进行消费决策的。例如，用户在网络上的所有行为，每一次分享，每一次点赞，每一次转发与浏览，都将成为被记录和分析的数据。只要连接了网络，就会留下痕迹。搜索引擎成为用户与网络的桥梁，用户的每次搜索，都会被数据公司记录下来，通过收集用户的个人基础信息、点赞、社交圈、消费习惯和生活习惯，专门的企业可对这些数据进行分析，进行用户画像。和先前的普通用户画像不同，数字化营销的用户画像，可以利用大数据分析，在最准确的时间、地点给予用户最切实有效、最贴近用户需求的产品推荐（见表 1-1）。通过这种方式，企业可以将潜在用户转化为现实客户，并利用大数据作为背后的推动力落实销售。

企业通过收集与分析用户社会属性、生活习惯、消费行为等主要信息的数据之后，可以进行深度的数据挖掘及用户需求洞察分析的相关工作，之后抽象出一个用户的商业全貌，这是企业应用大数据技术的基本方式。

用户画像为企业提供了足够的信息基础，能够帮助企业快速找到精准用户群体以及用户需求等更为广泛的反馈信息。

表 1–1 用户画像区别

项目	普通用户画像	大数据用户画像
画像性质	抽象后的典型特征描述	真实用户的全貌展现
数据量	主要通过随机采样，数据量有限	可以做到全样本，并且是各方面的数据
数据来源	相对局限，以采样数据、经营数据和市场调查数据为主	来源广泛，除传统数据来源以外，还包括用户的网络行为数据、第三方大数据
采集方式	需要与用户直接接触，以抽样调研为主	可以不与用户直接接触
重点展示内容	主要描述用户的行为动机（为什么）	能展现用户行为本身（是什么）
静态与动态	静态（用户与生俱来的属性信息，或者是很少发生变化的信息）	动态（经常发生变动的、非常不稳定的特征和行为，具有实时性）
功用侧重点	设计沟通内容，提升用户体验	确定目标群体，预测营销结果
指代和评估指标	定性（须通过其他途径实现量化）	定量（可以精确衡量并能设定量化指标）

通过大数据掌握用户的相关信息，对用户需求的分析、洞察与预测，可以从营销的未来看向现在，实现更精准、更具前瞻性的营销战略规划。精准营销是用户画像的最终目的，而用户画像是精准营销的基础，两者相辅相成。企业可以以此识别出最有可能对自己的产品、品牌、传播内容感兴趣的人群，将有限的预算用在对自己产品感兴趣的用户身上，让营销更有效。企业通过对用户所说所做数据的采集，便可以知道哪些用户更倾向于需要哪些产品，用户的购买动机是什么，有什么反馈意见和新的需求点，从而迅速抓住用户的诉求和期待，及时调整策略，规划产品。由此可知，大数据用户画像可以帮助企业更准确地找出对该企业容易有好感的人（锁定目标用户），在容易遇到的地方（传播渠道），在他们出没的时间内（投放时间）制造一场精心策划的偶遇，说恰到好处的话（传播、沟通内容），做得当的事（推广活动设计），送合其心意的礼物（产品、服务），并使双方的感情不断升华并持久。

四、数字化营销四大模型

1. 数字化品牌建设（digital branders）

数字化品牌建设常见于消费品企业或其他营销团队，聚焦于建设和更新自己的品牌资产，深化与客户的互动关系。利用 5G（第五代移动通信技术）、互联网、物联网、人工智能等新技术，创新线上线下销售渠道，将营销开支从传统的直线式广告转向沉浸式的数字化多媒体体验，形成以客户为中心的新经营体系。创新品牌定位，迎合多年龄层消费群体，做好数字化品牌形象的宣传推广工作，并分别策划具有吸引力的营销推广方案，建立起与不同层次客户间沟通的桥梁，让更多的人了解产品，实现社会化创意传播。

2. 客户体验设计（customer experience designers）

客户体验设计是利用客户数据和洞察客户需求，创造优良的客户体验。金融服务、航空、酒店、零售等企业往往会围绕客户服务建立自己的商业模型，以客户体验需求为目标进行产品设计。设计过程注重以客户为中心，客户体验的数据和客户互动贯穿整个设计过程，并始终保持与客户互动，培养忠诚的客户群体。

3. 需求创造（demand generators）

当前智能新零售始终围绕客户的具体需求，根据偏好来向目标消费群智能化地推送相关产品和服务，促进销售和提高客户的忠诚度，在网络消费服务平台的用户与产品间构建起新的连接，实现全渠道营销、精准服务、智能化识别等，提升流量和效率，强调线上线下的深入融合，为客户创造需求，为平台带来更多的收益。

4. 产品创新（product innovators）

产品创新是将数字化技术应用于客户协同产品创新上，这项工作既不是简单搭建信息协作平台，也不是机械汇总、静态统计分析数据，而是企业依托网络技术的提升，通过信息互联实现数据流集成，深入挖掘客户需求信息、产品市场变化情况，并在数字化平台上与客户互动，快速收集信息，从而增加企业价值和提升盈利水平。

第 2 节　数字化营销的主要渠道

传统营销局限于特定的时间和特定的地点，针对一小部分人。而数字化营销通过网络打破了时空界限，最大限度地把营销落实到每一个人身上。数字化营销其实就是营销与新媒体的一种结合，利用新媒体的传播特征去推广产品。目前，常见的数字化营销渠道有官网营销、邮件营销、论坛营销、博客营销、微博营销、微信营销、短视频营销、直播营销等。

有了用户画像，企业就要把这些营销数据变现，实现盈利，这就需要企业认真考虑并使用一些数字化营销策略。

一、官网营销

官网营销，即通过官方网站进行营销，也就是企业或个人在其建立的网站上进行营销。企业或个人可以将官网作为一种品牌推广营销的渠道。无论网站改版了多少次，只要使用同一网址，在搜寻引擎看来，权重都会被保留，使营销优势不至于间断，可以创造出叠加的营销能量。另外，官方网站还是一个从网址到前后台都可由企业或个人掌控的平台。

官网营销主要有五大优势。

1. 树立企业或个人品牌形象

树立品牌形象是企业或个人立足于市场的有力武器，能让客户很轻松地记住其产品或服务，并形成一种潜意识的认同感。

2. 提升企业或个人的信誉

合理的信息发布和舆论引导，可以从正面的角度对企业或个人进行宣传，从而在客户心目中建立一种良好的形象。

3. 拓宽品牌推广的渠道

合理运用搜索引擎优化等优化推广知识对品牌进行推广，同时也可以做竞价，增加搜索引擎中官网的曝光率。

4. 进行产品展示和销售

主要是将产品通过产品介绍、新闻动态等形式展现在网站上，实现线上营销的最终目的，更可以与多个相关平台建立友好链接，扩展企业的销售渠道。

5. 深入传播企业文化

企业通过官网发布在经营活动中形成的经营理念、经营目的、经营方针、价值观念、经营行为、社会责任、经营形象等资讯，向外界传递企业的文化，而企业文化是企业个性化的根本体现，它是企业生存、竞争和发展的灵魂。

二、邮件营销

邮件营销也称EDM（E-mail direct marketing），是企业通过向潜在客户电子邮箱发送电子邮件的方式进行的一种网络营销。企业可以通过EDM建立与目标客户的沟通渠道，向其直接传达相关信息，用来促进销售。EDM有多种用途，可以发送电子广告、产品信息、销售信息、市场调查、市场推广活动信息等。邮件营销可分为许可 E-mail 营销和非许可 E-mail 营销。

邮件营销起源于 1994 年，是通过电子邮件的方式向目标客户传递有价值信息的一种网络营销手段。邮件营销有三个基本要素：用户许可、电子邮件传递信息、信息对用户有价值，这三个要素缺一不可，否则 E-mail 营销是无效的。邮件营销的优势如下。

1. 成本低

因为电子邮件一般都是免费的，而且只要知晓邮箱地址就能发送到对方的电子邮箱，收到邮件的人查看也方便，有的邮件能够永久保存，占的空间也小，需要查看的话，所有的费用支出就是上网费，成本比传统广告形式低。

2. 范围广

邮件营销的载体是电子邮件，只要有足够多的邮箱地址，就可以在很短的时间内向众多目标发布营销信息，营销范围可以是全世界。

3. 操作简单

如果使用专业邮件群发软件，单机可实现每天数千万封的发送量。操作不需要懂得高深的计算机知识，不需要烦琐的制作及发送过程，发送上亿封广告邮件一般几个工作日内便可完成。

4. 效率高

邮件营销只需要撰写好内容素材，按一定条件，如地域、年龄、分类等设定好发送内容和时间，可实现随时随地发送，不影响接收和查阅。

5. 精准度高

由于电子邮件是点对点的传播，非常有针对性，因此这种营销传播精准度高，可以根据需要按行业、地域等进行分类，针对具有某一特点的目标客户发送特定邮件。

三、论坛营销

论坛营销是企业为了让目标客户更加深刻地了解其产品和服务，宣传其品牌、理念等，加深其产品和服务的市场认知度，在网络交流平台通过文字、图片、视频等方式发布产品和服务信息的一种营销手段。

论坛的超高人气可以有效为企业提供营销传播服务，这与论坛的特点有关。论坛营销的特点如下。

1. 开放性

企业和个人都可以注册论坛的账号，可以轻松地发布帖子，有时甚至一个表情就是一个帖子。只要不涉及国家法律法规禁止的信息，论坛的话题是开放性的，几乎企业所有的营销诉求都可以通过论坛传播得到有效的实现。营销效果会通过网友在日常生活中的互相传播来实现。

2. 专业性

企业进行营销时一般都会对论坛营销内容的专业性提出要求。发布专业性的内容，可以让用户看到营销人员的专业性，从而产生信任感，继而对产品产生信任。企业应通过专业的策划，撰写专业的内容，发布到相应的论坛板块，并做好监测，查看发布效果。

3. 成本低

论坛营销多数是在论坛发文，操作成本比较低，也是最简单的。

4. 互动性强

企业或个人可以在论坛上讨论、交流，经常发帖、回帖发表自己的意见。营销人员可以根据论坛的相应功能进行观察，在第一时间发现客户的情况，及时跟进，营销产品。

四、博客营销

博客（blog）作为一种网络日记，其内容通常是公开的，可以理解为一种思想、观点、知识等在互联网上的共享。博客具有的知识性、自主性、共享性等基本特征决定了博客营销是一种通过网络，基于包括思想、体验等表现形式的个人知识资源信息的传递形式，也可理解为利用博客这种网络应用形式开展网络营销的工具。企业或个人利用博客这种网络交互性平台发布并更新企业或个人的相关概况及信息，并且密切关注和及时回复平台上客户对于企业或个人的相关疑问和咨询，通过较强的博客平台帮助企业零成本获得搜索引擎的较前排位，以达到宣传目的。目前，新浪、腾讯、网易、搜狐是国内较大的博客平台。

博客营销的形式是多种多样的，一般来说，博客营销主要有网站博客营销模式、第三方博客营销模式、个人博客网站模式、博客营销外包模式、博客营销广告。

1. 网站博客营销模式

这是大型企业博客营销的主流模式，这种模式是在企业官网上开通博客频道，鼓励公司内部的员工发布博客文章。这种模式一方面能够增加企业网站的访问量，获得更多的潜在客户，促进企业品牌推广，增进客户认知；另一方面，可以增进员工之间的相互交流。

2. 第三方博客营销模式

这种模式通常在博客营销的初期被采用，是最简单的博客营销模式之一，企业通常利用如新浪、腾讯、网易、搜狐等第三方博客平台进行营销。这种模式操作简单，不需要维护。但是第三方平台提供的博客服务作为个人交流的工具，对企业博客的应用有一定限制，而且用户群体比较复杂，如果在博客文章中过多介绍企业的信息可能不会受到用户关注。另外，这种模式会使企业对第三方平台产生较高的依赖性，如功能、品牌、服务、用户数量等，所以营销发挥的作用有限。

3. 个人博客网站模式

顾名思义，这种模式是个人以自己的名义在独立博客网站（免费个人博客程序）发布博客文章。这种模式对营销推广有一定的作用，可以展示更多个性化的内容，个人可以更加充分地发挥积极主动性和灵活性，但是对个人知识背景以及自我管理能力要求较高。

4. 博客营销外包模式

这种模式即将博客营销外包给第三方专业机构或人员操作。这种结合具有新闻价值的热点事件，如企业庆典、重要产品发布会等特殊的营销，通常只能被知名企业采用，因此具有一定限制。采用这种模式，企业无须投入过多人力，不需要维护网站，但是明显的公关特征使企业员工的参与度降低，影响企业可信度，不利于企业通过博客与客户实现深入的沟通。

5. 博客营销广告

博客网站是一种网络广告媒体，可以在博客网站投放广告，利用博客内容互动性的特征获得用户的关注，是一种付费的网络广告形式。这种模式技术含量高，适合需要获取多方面信息才能做出购买决策的行业应用，如 IT 产品、汽车、房地产行业。但是这种模式还不规范，企业无法自行控制网络资源。

五、微博营销

微博营销是指通过微博平台为企业或个人创造价值而进行的一种营销方式，也是企业或个人通过微博平台发现并满足客户的各类需求的商业行为方式。微博营销以微博作为营销平台，每一个“粉丝”（支持者）都是潜在的营销对象，企业利用更新自己的微博向网友传播企业信息、产品信息，树立良好的企业形象和产品形象。每天更新内容就可以跟网友交流互动，尽量发布大家感兴趣的话题，有助于达到营销的目的。

有些微博平台推出专门的企业服务商平台，为企业在微博上进行营销提供一定帮助。微博为营销提供了一个平台，用户既可以作为观众，在微博上浏览信息，也可以作为发布者，发布内容供他人查阅浏览。相对于博客，微博发布的内容一般较短，还可以发布图片、视频等。用户能够公开实时发表内容，通过裂变式传播，让用户与他人互动并与世界紧密相连。微博营销的特征非常明显，具体如下。

1. 发布门槛低，运营成本低

微博比博客发布容易，发布广告更加经济。微博注册免费，不必花大价钱架构一个网站，对计算机网络技术的掌握程度要求不高，也不需要专门拍摄广告，或向报纸、电视等媒体支付较高的广告费用等，且后期维护费用低。

2. 定位更全、更精准

企业可以开设多个不同功能定位的微博，多个账号组成矩阵，在保持整体协作的企业文化的同时，可以用不同账号针对不同的产品受众进行精准营销。另外，可以借助拥有大量“粉丝”和较高影响力的博主的微博进行产品推广。

3. 覆盖面广，传播速度快

微博最显著的特征之一就是其传播迅速。一条微博在触发微博引爆点后短时间内互动性转发就可以抵达微博世界的每一个角落，达到短时间内最多的目击人数。

4. 社交功能显著，互动性更强

微博的魅力在于互动，拥有一群不说话的“粉丝”是很危险的，因为他们会慢慢变成不看内容的“粉丝”，最后很可能不再关注。因此，互动性是使微博持续发展的关键。

六、微信营销

微信营销是伴随着微信的快速发展而兴起的一种网络营销方式。微信不受空间距离的限制，用户注册微信后，可与周围同样注册的“朋友”形成一种联系，微信用户订阅自己所需要的信息，商家可以通过订阅号和服务号发布自己产品或服务的信息，从而实现点对点的营销。微信营销与其他自媒体营销有所不同，作为纯粹的沟通工具，商家、媒体、明星与用户之间的对话可以是私密且不需要公之于众的，微信营销的途径一般有三个：朋友圈、微信群、一对一沟通。

1. 朋友圈营销

朋友圈营销的形式，一是微信朋友的免费营销，二是朋友圈广告。基于微信朋友的朋友圈免费营销需要注意的是多提问多互动，合理把控动态数量。朋友圈广告定位更加精准，它是基于公众号广告主功能实现的，成本相对比较高，企业一定要考虑自身综合实力。除此之外，朋友圈另一个营销功能是用来打造营销 IP（成名文创），让朋友知道自己是什么企业，属于什么行业，有什么价值，能够给客户提供什么，然后去建立信任，为实质性的营销提供背景调查。

2. 微信群营销

搭建微信群无须进行过多的操作，最简单的方法就是直接在微信中选择联系人建群。微信群使用户在解决需求的同时也满足了自身的认同感与商业价值。一个好的微信营销离不开平时的维护，前期很多微信营销都是从微信通讯录中的熟人开始，熟人信任群主，把他们的微信朋友拉进群。经过不断地维护和经营，人脉会像滚雪球一样累积，营销的范围就会变得越来越广，因此处理好与有人脉的微信朋友的关系对于微信营销有非常重要的作用，他们是微信营销隐形的推手。

3. 一对一沟通营销

一对一沟通营销是微信朋友的点对点沟通，从沟通中把对方的用户画像记录下来，挖掘对方的需求，在聊天中建立信任，在合适的时机把产品销售给对方。

需要注意的是，微信营销与其他自媒体营销不同，它基于强关系网络，因此如果不顾对方的感受，强行推送各种不吸引人的广告信息，会使对方对此反感。善用微信这一互动工具，让企业与客户回归最真诚的人际沟通，才是微信营销真正正确的方法。

2016 年，企业微信上线，经过几年的不断迭代更新，目前企业微信不但具有与微信一致的沟通体验，丰富的 OA（办公自动化）应用，和连接微信生态的能力，而且还可以帮助企业连接内部、连接生态伙伴、连接客户。截至 2022 年 1 月 11 日，企业微信上的真实企业与组织数超过 1 000 万，活跃用户数超过 1.8 亿，连接微信活跃用户数超过 5 亿。企业微信团队同时披露，每 1 小时，就有 115 万名企业员工通过企业微信与微信上的用户进行1.4亿次的服务互动。

对于企业来讲，自己的员工在使用微信，外部的客户也在使用微信，这为企业提供了一个全面构建自身内部管理系统和外部客户管理系统的机会，而微信也提供了丰富的工具帮助企业实现这些目的。微信对企业来说已经成为实现企业触及客户、服务客户的重要工具。在微信这个大平台里，企业搭建小平台，小平台上有大客户，也有小客户，大客户不断地拉来小客户，小客户变成大客户又拉来小客户，这样源源不断，就能形成企业自己的客户“小金库”。微信营销要注重通过老客户做营销。老客户对企业的忠诚度最高，也最能够形成口碑效应，能够不断吸引新客户进入企业的数据库，而这个不断增长的数据库也是企业长期稳步发展的最大保证。企业要认清一个基本的潮流，那就是一个客户为王的时代已经来临，而微信为企业提供了一个掌握客户信息的入口，企业进行微信营销的最终目的应当是获得客户。

七、短视频营销

短视频一般是指在互联网媒体上传播的时长在5分钟以内的视频，短视频营销主要借助短视频，通过选择目标受众人群，向他们传播有价值的内容，以吸引他们了解企业品牌、产品和服务，最终形成交易。随着移动终端和5G网络的普及，制作成本低廉、目标精准、支持互动、传播速度快且范围广的短视频发展呈直线上升趋势。除了以短视频为主的抖音、快手平台，其他平台也陆续上线短视频功能。越来越多的企业为了使自己的产品更深入人心，也加入短视频营销行列，并将短视频建设纳入企业营销战略中。他们在各大平台上注册自己的官方短视频账号。例如，抖音平台目前已经成为众多企业的头部短视频营销工具，针对企业的诉求，平台提供了专门的蓝V认证服务，提供免费的短视频内容分发和商业营销服务。同其他营销渠道相比，短视频可以轻松地植入品牌，向短视频平台用户传递品牌或是品牌形象，并且在视频中，产品的展现形态是多样化的，可以通过人物、场景、情节等来展现，用户的接受程度更高。进行短视频营销，一般来说有以下几种形式。

1. 直接聚焦产品，凸显产品优势

如果产品本身就优质且实用，可以直接向短视频平台用户展示产品，将产品的优势直接传达给用户，如果用户对产品感兴趣，就会主动了解产品、在评论区直接询问价格或产品链接之类的内容。

2. 侧面呈现产品，引起好奇心和参与感

对于一些功能没有太多亮点的产品可以找到几个产品的特征，进行放大，设法抓

住用户的关注点和好奇心，使用户与视频内容进行互动，增加用户与产品之间的联系，促使用户体验产品，将自己代入其中，从而激发购买产品的欲望。

3. 展现企业日常，传播企业文化

有些用户不仅关心产品与服务的质量，还会想从企业文化中找到对产品的认同，尤其是对于一些知名企业，用户对于领导和员工的日常格外感兴趣，一些知名企业的负责人的一举一动也深深影响着该企业产品在用户心目中的形象。通过短视频，企业可以将负责人日常、企业办公室文化、员工趣事、产品生产的幕后等展现出来，从而吸引用户的关注、评论、点赞、分享等。

4. 将广告融入场景，巧妙植入

与传统广告类似，如果有了较好的剧本和场景内容，就可以在短视频中进行恰当的品牌露出，在不影响用户观看感受的同时让用户更深刻地记住这个产品。例如，拍摄一个生活小窍门或者搞笑片段，在视频中悄悄地进行品牌植入。

5. 用短视频做口碑营销

产品好不好，未必要自己说。可以在短视频中展示产品口碑，从侧面呈现产品的火爆。例如，为了更好地呈现产品口碑，可以在短视频中展示客户排长队、客户露出笑脸、响个不停的预约电话等。

与原来以文字或图片为主要形式的营销方式不同，短视频更加生动形象，信息量更大，人们收看短视频所花费的注意力更少。借助短视频，企业通过选择目标受众人群，并向他们传播有价值的内容，吸引他们了解自己的产品和服务，更容易最终达成交易。由此不难发现，短视频营销最重要的就是找到目标受众和创造有价值的内容。

八、直播营销

随着互联网的迅速发展，很多企业已经熟练运用官网、邮件、论坛、博客、微博、微信等渠道进行营销，这些渠道也已经成为企业品牌营销和文化传播的基本配备。但这些可能远远不够。图文始终不够立体，受众看到的是静止的内容，并且在如今这个信息泛滥的时代，单纯的文字传播很可能被忽略。短视频营销的兴起让营销变得生动立体，但短视频呈现的只是一个片段，且具体呈现哪个片段是由短视频发布者决定的，另外，短视频具有延时性，互动不及时。而直播营销正好弥补了之前营销传播时的缺憾。人们可以通过直播观看整场活动，对观看直播的哪一部分是有自主选择权的，可

以选择全程观看，也可以随时退出直播间，或在直播中途的任意时间点进入直播间开始观看。与其他数字化营销相比，直播营销更具有即时性，通过网络直播，人们可以同步知悉远在千里之外正在发生的事情。直播营销的最终目的是通过挖掘“粉丝”需求，生成相关内容和作品，促使“粉丝”前来直播间进行变现转化。

直播营销应注意以下三点。

1. 人（主播）

主播是直播中最重要的人，也是一场直播的核心。主播应熟练掌握直播设备、开播流程、产品信息、优惠政策等一系列操作和事项。任何一个环节的失误都会严重影响用户体验，影响商品的下单转化。主播的人设（人物设定的简称）对直播营销的转化非常重要，好的人设可以拉近主播与“粉丝”的距离，实现“圈粉”的目的。除此之外，人设也是为了让“粉丝”记住主播，为粉丝提供记忆点。但人设必须根据主播自身的性格设定，如果相差太大，主播人设就容易“崩塌”而导致迅速“掉粉”。

2. 货（选品）

在直播营销中，货的好坏直接决定了直播营销的成败。不是所有产品都适合直播营销。有数据显示，直播营销做得好的产品一般具有两个特点：一是低客单价，性价比高，客户进入直播间买东西有很大的随机性，大多都属于冲动型购买，如果产品价格过高，客户的决策风险就会提高，从而降低冲动购买的可能性；二是低决策门槛，这类产品都是客户不需要收集大量信息就能做决策，不需要投入大把时间和精力进行研究，仅凭冲动就能购买的产品。

3. 场（直播间）

直播的场一是指直播的场所，商家可以根据自己产品的属性选择合适场所，例如，零食、日用品、化妆品等可以在直播间进行直播，生鲜货可以在田野、山间、海边直播。场还可以指直播平台，由于各直播平台的能力有差异，所以每个卖场的情况不同，品牌需要基于不同诉求选择更适合自己的直播卖场。

综上所述，随着市场环境的激烈变化，营销行业迎来新的行业变革。数字化营销越来越强调对客户的直接运营，重视商品和客户关系的建立和维系，上述这些数字化营销作为新的营销方式与工具，不仅聚合了人、货、内容、场景等多重因素，还实现了内容赋能传播、社交促进销售等功能。在进行数字化营销的时候，移动互联网的快速发展给企业带来了大量客户数据，通过对客户数据的分析，企业能改进营销方式，促进销售。只有适合自己的才是最好的，无论哪种数字化营销，都要以客户为中心，企业应通过深入的数据管理、分析和挖掘，建立数字化的用户画像，最终开展以客户感受、客户体验为导向的营销。

第3节　数字化营销案例分析

一、上海家化的数字化营销之路

在数字经济时代，运用互联网技术和数字化技术进行数字化转型，已成为传统产业形成新动能、实现高质量发展的必然路径。

上海家化的传统优势在线下渠道，而线下门店长久以来存在效率较低的问题，由此导致出现存货高、周转率低等隐患。公司通过持续关闭低效率门店进行渠道改革，2021年共关闭111家低单产专柜及门店，截至2021年年底专柜及门店数合计866家，销售费用中租金支出由2018年的2.0亿元降低至2021年的1.7亿元。开拓线上渠道，采用数字化营销手段已迫在眉睫。上海家化把线上渠道进行了重新梳理，分为平台电商（天猫、京东等）、社交电商（微信、微博等）、兴趣电商（抖音、快手、小红书等）和特殊渠道（平安线上渠道）四大板块。

1. 持续不断推进数字化转型，加强数字化运营能力

上海家化持续不断推进数字化转型，在线上渠道不断加强和平台的策略合作，并通过引进人才迅速加强了数字化运营能力。目前，上海家化已与阿里、拼多多、抖音、唯品会等多个平台建立了深度合作，大力发展店铺直播和会员运营。在全品牌私域生态方面，2021年第三季度末，公司企业微信群、淘群、特殊渠道等私域的总人数已积累至45万人。公司采用数字化营销手段，提升线上线下新品声量（特定时间内，某个平台或渠道新品被提及的总数），触及核心目标人群，高效导流线上线下渠道，实现品效合一。2021年“双十一”期间，“佰草集”品牌创意性地开创了“剧情式”直播销售模式，在抖音上推出“佰草集延禧宫正传”，截至2021年12月26日，“佰草集延禧宫正传”的“粉丝”数量为23.1万，佰草集抖音官方旗舰店“粉丝”数量为16.6万。

2. 开拓抖音营销渠道，打造“流量+内容+电商”完整链路

随着产品营销模式的多样化，直播带货成为符合当下客户喜好、满足其提升沉浸式体验和信任感的一大产品推广模式，淘宝、抖音、快手为产品直播带货的代表平台，

对传统电商出现了一定的分流。2021 年 11 月 1—11 日，直播电商平台销售额达到 738 亿元。

2021 年，上海家化首席数字官张晓娟曾公开表示，抖音不光是一个销售渠道，也是一个品牌建设以及客户认知养成的平台。在 2021 年“抖音 818 新潮好物节”上，“玉泽”抖音小店的 GMV（商品交易总额）破千万元，单日 GMV 最高突破 160 万元。同年“双十一”，“佰草集”抖音直播间观看人数达到 102.2 万人，创下了直播间观看人数峰值，有媒体报道称其“开启了直播电商界的天花板之争”，抖音平台营销已经成为上海家化在数字化营销上的一项关键举措。

上海家化选择在抖音平台进行短视频和直播营销，这与抖音平台已经打造了“流量+内容+电商”的完整链路有很大的关系。2021 年 6 月，抖音的日活跃用户就已经超过 6 亿个，全球月活跃用户已经达到了 19 亿个，实现了流量的几乎全覆盖。抖音平台不仅仅是一个内容平台，还为企业提供了一个合适的营销阵地，同时为企业提供了营销解决方案。

上海家化参与了巨量引擎和新华网联手发起的“新国潮 · DOU 出彩”项目，通过不同形式、不同层次的内容，对“玉泽”“佰草集”品牌进行了进一步的声量扩散。这些举措包括“玉泽送屏安挑战赛”“玉泽年货节看播任务”“佰草集品牌纪录片”“新华网探访玉泽直播”“新国潮线下主题论坛”等。

另外，通过新华网后续对相关内容的全网分发，上海家化实现了这次“新国潮 · DOU 出彩”的效果最大化。数据显示，截至 2022 年 1 月 19 日，“新国潮 · DOU 出彩”项目整体曝光数超 3 亿，“新国潮 · DOU 出彩”播放量达 1.8 亿次，子话题“国货添年味”播放量超过 1.6 亿次，“玉泽送屏安挑战赛”播放量达 4 109 万次，“玉泽”品牌“种草”短视频播放量超 3 380 万次，“佰草集”品牌视频全网播放量超 800 万次。

3. 全面推进线上营销渠道，营业额增速迅猛

公司积极布局线上购物节活动，销售量增长明显。2020 年前 11 个月，天猫护肤行业同比增长 24%至 1 132 亿元。2021 年前 11 个月，天猫护肤行业线上增速回落至 6%，增长放缓。而对比主要国产护肤品企业，上海家化在“618”和“双十一”购物节中的销售量增长明显。2021 年 6 月和 11 月，上海家化 5 款护肤产品市场占有率分别为 1.35%和 1.42%。

2022 年 3 月 16 日，上海家化发布的 2021 年财报显示：报告期内公司实现营业收入 76.46 亿元，同比增长 8.73%；归母净利润 6.49 亿元，同比增长 50.92%；扣非归母净利润 6.76 亿元，同比增长 70.76%。2021 年对于上海家化来说有着极为特殊的意

义，这是它有历史记载的第 123 年。在这个特殊时间节点上，上海家化提出了一个“123 经营方针”，即“1”个中心（以客户为中心），“2”个基本点（品牌创新、渠道进阶），“3”个助推器（文化、系统与流程、数字化）。

从财报上看，上海家化护肤品类全年增速达 22.22%，远超行业平均增速，收入占比提升至 35%，已跃升成为公司第一大业务品类。报告期内，通过聚焦爆品、精简 SKU（最小存货单位），自有品牌整体头部产品销售占比有所提升，聚合度从 2019 年的 56%上升至 2021 年的 71%。目前，上海家化拥有“佰草集”“玉泽”“六神”和“美加净”等品牌，并且正在不断丰富自己的品牌矩阵。

具体来看，“佰草集”全新太极肌源系列全部单品进入品牌销售头部 SKU，并在 2021 年“双十一”期间成为品牌电商销售前五位的“爆品”，“佰草集”天猫旗舰店及百货复购率由 2020 年的 33.7%提升至 2021 年的 41.6%，而“玉泽”新品蓝舱精华上市首周 GMV 超 1 000 万元，并在天猫国潮日分列国货美妆第一名和美妆类目的第二名，“玉泽”天猫旗舰店复购率由 2020 年的 36.4%提升至 2021 年的 42.6%。

财报显示，2021 年，上海家化电商渠道以精细化运营推动多平台布局，实现同比快速健康增长：天猫旗舰店平台整体保持稳健增长，京东平台业务实现快速增长并扭亏，拼多多平台首批入围“超新星计划”，兴趣电商平台呈现快速增长。此外，新零售业务报告期同比增速超过 100%，占国内线下业务比例超 10%；百货渠道成功实现扭亏为盈、CS（化妆品专营店）渠道实现盈利能力明显改善。

在线上渠道方面，上海家化整合在线全渠道，提升效果营销中心、私域运营中心、内容创作中心、数据科学中心的四大中台能力，从一家线下渠道非常扎实的公司转而在线上渠道进行突破，继而进一步通过人、货、场相关的精细化运营驱动增长，发展智能客服营销一体化，推动在线渠道数字化进阶。

二、利用大数据进行精准营销

要做到精准营销，数据是最不可缺的存在。大数据应用于精准营销是指在大数据的支撑下，尽可能多地获取客户的信息，从中分析挖掘他们的潜在需求，并利用数据技术进行精准的广告投放，使营销更具针对性。

电商和移动互联网的发展给传统零售行业带来了新的变革，零售业营销模式也随之发生了巨大变化。在消费升级和新一轮科技革命的驱动下，我国零售业借助大数据、云计算、移动支付、虚拟现实、人脸识别、人工智能等新技术，推动着业务数据化、渠道线上化和营销数字化，正在加速向全方位数字化和智能化跃迁。有研究表明，当前数字化的应用领域正从互联网行业向政府、金融、零售等行业深入推进，未来 3～5

年，零售业数字化程度有望达到70%~80%。

1. 结合多种自媒体渠道，为客户提供双向沟通平台，提供更多实用且有趣味、易接收的信息和其他增值服务，开展精准营销

比较典型的是北京的王府井百货。2013年1月，王府井网上商城上线；10月，王府井百货系统APP投入运营；2014年，王府井百货通过微生活平台正式引入微信支付。虽然在数字化转型的道路上经历了很多曲折，但是王府井百货在行业内率先实现一站式数据管理服务，实现“经验传承”向“数字营销”转变，通过精准营销有效提升活动业绩，销售额较同期提高30%以上，消费人数较同期提高50%以上，降低拉新成本，平均获客成本减少70%以上。王府井百货在线上微商城上打造直播间、发布短视频、建立社群，而线下门店的数字化转型如专柜的自助收银、聚合支付等都已经开始使用，并借助公众号、微博、第三方平台开展流量的引入。利用数据驱动围绕客户的画像、营销、商品筹划和决策建立相应的数据分析体系，运用消费习惯跟踪技术对客户的消费偏好进行观察与分析，形成对其购物行为的预估并据此进行针对性的商品推送，满足客户个性化需求的同时带动与创造消费。为更加了解与掌握客户需求，伊藤洋华堂双楠店在数据库中细致地记录了主要客户的相关信息，通过场景化还原普通客户的日常生活，拉近了与客户的距离。

2. 依靠大数据，不断加强互联网+的实际应用，从大数据中快速获取客户的购买欲望及购买需求

在大数据技术的支持下，高忠诚度的客户群体被发掘出巨大的衍生商业价值，对周边产品有着可观的消费力，零售企业可以结合自身定位，依托信息网络技术培养与维护自己的客户群体。随着互联网和移动互联网的快速发展，基于互联网工具的运用，企业通过获取大量目标客户数据，用社会化营销去联系客户，用大数据去了解客户，以客户为中心，从而设计、制造更加符合客户核心需求的新产品，为客户提供更加良好的体验和服务。例如，星巴克通过建立、管理星巴克中国微信公众号和官方微博，讲述品牌故事，及时向客户反馈信息，与客户建立情感联系来发展巩固客户群体，使得星巴克杯子等咖啡周边产品也受到客户们的青睐。

3. 以数据为基础，建立用户画像，利用标签让系统进行智能分组，获得不同类型的目标群，针对每一个群体策划并推送针对性的营销

企业对大量目标客户数据进行分析、处理、组合，初步搭建用户画像，做出客户喜好、功能需求统计，强调品牌的差异化，提高商品附加值，全方位、多维度勾勒客户消费画像，为客户提供更好的产品和服务，巩固、提高百货企业在供应链中的地位，获得固定消费群、稳定客流量。

例如，新世界百货推出自有品牌“Love · Original · Life”和“N+”系列。天虹百货以专业的运营团队创建了买手制百货平台，推出包罗全球时尚品牌、品类丰富的买手集合馆“Rain&Co”，以及女装、童装和家具集合馆等“Rain”系列，此外天虹百货还获得了“Cache Cache”“JoJo”等国际连锁女装品牌的代理权并成为华南区独家代理商。另外，通过用户画像，企业可以将合适的产品投放到合适的渠道，从而增加销售量，这是目前零售行业惯用的方法。

第2章
服务机器人与智能服务

第1节　服务机器人概述

一、机器人产生与发展

1. 机器人的定义

机器人是一种自动机械，由计算机控制。国际标准化组织将机器人定义为一种自动的、位置可控的、具有编程能力的多功能机械手，这种机械手具有几个轴，能够借助于可编程序操作来处理各种材料、零件、工具和专用装置，以执行各种任务。美国机器人工业协会将机器人定义为一种用于移动各种材料、零件、工具或专用装置的，通过可编程序操作来执行各种任务的，并具有编程能力的多功能机械手。机器人具有感知、决策、执行等基本特征，可以辅助甚至替代人类完成危险、繁重、复杂的工作，提高工作效率与质量，服务人类生活，扩大或延伸人的活动及能力范围。在当代工业中，机器人是指用于取代或协助人类工作，能自动执行任务的人造机器装置。

2. 人类研发机器人的原因

人类研发机器人的原因主要有三个。

（1）机器人可以提高生产效率，降低人的劳动强度，从而使社会的生产水平和人类生活质量得到提升。例如，焊接机器人能提高生产效率，提高汽车焊接的质量，降低工人的劳动强度。

（2）机器人可以完成人类难以长时间胜任，或质量要求较高的工作。例如，机器人可以代替人类在有毒的、高温的或其他危险的环境作业，代替人进行精密仪器的装配。

（3）机器人可以处理人类无法进入的恶劣环境中的工作。例如，机器人帮助人类认识太空、探索火山和深海等。

3. 机器人的发展

（1）第一代示教再现型机器人。第二次世界大战之后，美国阿贡国家能源实验室为了解决核污染环境下机械操作问题，研制出遥控操作机械手用于处理放射性物质，接着又开发出一种电气驱动的主从式机械手臂。1954 年，美国人戴沃尔最早提出了工业机器人的概念，并申请了专利。1962 年，美国通用汽车公司安装了 Unimation 公司的第一台 Unimate 工业机器人，标志着第一代示教再现型工业机器人的诞生。

20 世纪 60 年代末，日本从美国引进工业机器人技术。虽然日本研制机器人的起步时间比美国晚，但日本政府为解决国内青壮年劳动力匮乏的问题，对机器人的发展采取积极的扶植政策，很快使日本成为世界上应用和生产机器人最多的国家，被称为“机器人王国”。

（2）第二代感知机器人。20 世纪 80 年代初，美国通用汽车公司为汽车装配生产线上的机器人装备了视觉系统，诞生了具有基本感知功能的第二代工业机器人。与第一代机器人相比，第二代机器人不仅在作业效率、保证产品的一致性和互换性等方面更加优秀，而且具有更强的外界环境感知能力和环境适应性，能完成更复杂的工作任务。

（3）第三代智能机器人。20 世纪 90 年代，各国开始了以人工智能、模糊控制、神经网络等先进控制方法为基础的第三代智能机器人研究。进入 21 世纪，随着计算机技术、光机电一体化技术、网络技术、自动控制理论及人工智能等的迅猛发展，机器人能够模仿人进行逻辑推理，机器人从传统的工业制造领域迅速向医疗服务、家庭服务、教育娱乐、勘探勘测、生物工程、救灾救援、太空深海探测、智能交通、智能工厂等新方向发展。

4. 机器人的分类

（1）按应用领域不同分类。国际机器人联合会（IFR）将机器人分为工业机器人和服务机器人。中国电子学会将机器人划分为工业机器人、服务机器人和特种机器人三类。

1）工业机器人。工业机器人是面向工业领域的多关节机械手或多自由度的机器装置。在工业生产中，工业机器人能代替人做某些单调、频繁和重复的长时间作业，或是危险、恶劣环境下的作业，如在冲压、压力铸造、热处理、焊接、涂装、塑料制品成型、机械加工和简单装配等工序，完成对人体有害物料的搬运或工艺操作。工业机器人广泛应用于汽车制造业、电子电气行业、橡胶及塑料行业、铸造行业、食品行业、化工行业、家用电器行业、冶金行业、烟草行业等多个领域。

2）服务机器人。服务机器人是指为人类提供必要服务的机器人。

3）特种机器人。特种机器人是由经过专门培训的人员操作或使用的，辅助或代替人执行任务的机器人。特种机器人主要应用于专业领域，有农业机器人、电力机器人、建筑机器人、物流机器人、医用机器人、护理机器人、康复机器人、安防与救援机器人、军用机器人、核工业机器人、矿业机器人、石油化工机器人、市政工程机器人和其他行业机器人。

（2）按功能不同分类。按功能不同，机器人可分为传感型机器人、自主型机器人、交互型机器人。

1）传感型机器人。传感型机器人也称外部受控机器人。机器人的本体上没有智能单元而只有执行机构和感应机构，它具有进行传感信息（包括视觉、听觉、触觉、接近觉、力觉，以及红外、超声及激光等）处理，实现控制与操作的能力，受控于外部计算机。目前，机器人世界杯的小型组比赛使用的机器人就属于这种类型。

2）自主型机器人。在设计制作之后，机器人无须人的干预，能够在各种环境下自动完成各项拟人任务。自主型机器人的本体上具有感知、处理、决策、执行等模块，可以像一个自主的人一样独立地活动和处理问题。

3）交互型机器人。操作员或程序员通过与计算机系统进行人机对话，实现对机器人的控制与操作。虽然具有部分处理和决策功能，能够独立地实现一些如轨迹规划、简单避障等功能，但是还要受到外部的控制。

二、服务机器人的定义和分类

国际机器人联合会将服务机器人定义为一种半自主或全自主工作的机器人，它能完成有益于人类健康的服务工作，但不从事生产。我国的服务机器人是指为人类提供必要服务的机器人。

依据功能不同，服务机器人分为家用服务机器人、医疗服务机器人和公共服务机器人三类。

依据应用领域不同，服务机器人可分为个人（家庭）服务机器人及商用服务机器人两类。个人（家庭）服务机器人包括扫地机器人、拖地机器人、擦窗机器人、家庭陪护式机器人、家庭教育机器人及休闲娱乐机器人等。商用服务机器人则包括送餐机器人、迎宾机器人、酒店机器人、智能导购机器人、银行柜台机器人、巡检机器人等。

三、服务机器人的功能和特点

1. 服务机器人的功能

服务机器人是能够为改善人类生活提供服务的一种智能机器人，主要从事监护、救援、维护保养、修理、运输、清洗、保安等工作。其功能定位是为人类的生活服务，主要使命是完成有益于人类健康和生活的服务工作，随着开发研究的进一步深入和价格的大幅度下降，服务机器人将广泛进入医院、家庭、办公室和体育娱乐场所，直接与人类共处，为人类排忧解难。

2. 服务机器人的特点

服务机器人有三个特点，即自主性、自动性和运动性。

（1）自主性。传统工业机器人基本都是按指令执行动作，而服务机器人专为人类服务，其工作环境往往与人的活动范围高度重叠，这需要服务机器人自主地适配环境，而且周围环境可能随时变化，要求服务机器人能面对复杂、动态的环境，进行更多的自主性决策。

（2）自动性。服务机器人不同于传统工具设备，它是人工智能和工具的结合，具备更强的自动性，具有智能和行为共有的特性，比传统的工具设备更有自动性优势。

（3）运动性。在运动性方面，虽然工业机器人、特种机器人已经具备较强的运动性，但由于服务功能的要求，服务机器人更要强化运动性。

四、服务机器人在我国的应用发展

1. 我国服务机器人应用起源

西周时期，能工巧匠偃师就研制出了能歌善舞的人偶，这是我国最早记载的机器人。据《墨子·鲁问》记载，春秋战国时期我国著名的木匠鲁班曾制造过一只木鸟，能在空中飞行，“三日不下”。汉代张衡发明了计里鼓车，车每行一里，车上木人击鼓一下，每行十里击钟一下。三国时期，诸葛亮制造出“木牛流马”，运送军粮。

现代，我国服务机器人的研发起步较晚，2005 年前后才开始初具规模。2006 年，国务院发布《国家中长期科学和技术发展规划纲要（2006—2020 年）》，首次将智能服务机器人列入前沿技术的先进制造技术中。2015 年，国务院正式印发《中国制造

2025》，在机器人方面提出围绕汽车、机械、电子、危险品制造、国防军工、化工、轻工等工业机器人、特种机器人，以及医疗健康、家庭服务、教育娱乐等服务机器人应用需求，积极研发新产品，促进机器人标准化、模块化发展，扩大市场应用。

2. 现阶段服务机器人在我国的应用

目前，世界上有近 50 个国家在发展机器人，其中有 25 个国家已涉足服务型机器人开发。全球服务机器人市场保持较快的增长速度。根据国际机器人联合会和华经产业研究院的数据，从销售额来看，全球专业服务机器人行业销售额由 2016 年的 47.5 亿美元上升至 2020 年的 139 亿美元，预计 2023 年将达到 277 亿美元，2016—2020 年 CAGR① 为 31%。销量方面，行业销售量从 2016 年的 9 万台上升至 2018 年的 27 万台，2020 年扭转 2019 年下跌趋势增长至 24 万台，预计 2023 年销量有望达到 54 万台，2016—2020 年 CAGR 为 31%。

近年来，服务机器人在我国已经有了初步的运用。2021 年，服务机器人行业规模达到机器人行业总规模的 36%，仅次于工业机器人行业，成为机器人行业的重要组成部分。随着技术成熟度越来越高，家庭服务机器人的生产成本不断下降，并且进入广阔的消费市场，带动服务机器人市场规模高速增长。根据国际机器人联合会的统计数据，2018—2021 年中国服务机器人市场规模持续增长，2021 年市场规模超过 300 亿元，达到 302.6 亿元，较 2020 年增长 36.18%，处于快速增长阶段。

从产业规模分布占比看，我国服务机器人产业规模分布呈现以华东、中南、华北地区为核心的发展态势，西南、东北、西北地区目前的服务机器人产业规模较小。其中，华东地区产业规模占比 40%左右，中南地区产业规模占比 30%左右，华北地区产业规模占比 20%左右。

从企业数量看，我国服务机器人相关企业增长迅速。2014 年服务机器人相关企业仅 6 342 家，2016 年突破 1 万家，2018 年突破 2 万家，2020 年突破 5 万家，2021 年突破 10 万家。

从产量看，到 2021 年 12 月，我国服务机器人月产量已经超过 90 万套，服务机器人向着全面化、智能化、市场化发展，为民众生活带来很多便利，不仅提高了社会效率，而且促进了我国社会的现代化发展进程。

3. 服务机器人在现代服务业中的应用远景

随着我国人口老龄化趋势加快，以及医疗、教育需求的持续旺盛，我国服务机器

① CAGR：复合年均增长率（compound annual growth rate）的简称。复合年均增长率是指一项投资在特定时期内的年度增长率。其计算方法为总增长率百分比的 n 次方根，n 等于有关时期内的年数。

人的市场规模快速扩大，成为机器人应用市场中颇具亮点的领域。一方面，随着老龄化趋势的加剧，医疗需求缺口将越来越大；另一方面，随着生活水平的提高，以及对医疗保健和生活质量的要求逐步提升，人们对高端医疗器械的接受度也将逐步提高。

随着人口老龄化及出生率的下降，未来10年左右将会出现巨大的劳动力缺口，人力成本将居高不下。有数据预测，到2030年，中国将成为劳动力缺口大国。在此情况下，重复率高的工作需要生产力更高的生产方式来替代，使用机器人替代人工劳动无疑是较好的选择，服务机器人存在巨大的市场潜力和发展空间。服务机器人市场需求量不断增大，行业前景光明，也使我国服务机器人相关企业的注册量持续增长。

第2节　服务机器人应用场景

随着人工智能技术的不断发展，服务机器人已经在深度学习、机器视觉、语义理解、认知推理等方面取得了明显进步，智能化程度明显提升。在技术的驱动下，服务机器人的产品类型逐渐丰富，不断向商业服务、照护陪伴、餐饮服务、家庭服务多个领域拓展。

一、服务机器人商业服务应用场景

服务机器人商业服务应用体现为商业服务机器人。商业服务机器人是指应用于B端（企业端）日常商业服务场景的机器人。在机器人制造技术迭代和SLAM（同步定位与地图绘制）、人机交互等人工智能技术创新的基础上发展起来的商业服务机器人，被应用于诸多商业服务场景，常见场景如下。

1. 场景一：智能导购机器人让购物更方便

商业购物中心越来越大让客户无所适从。如今，这个困扰客户的痛点，已经被商业服务机器人中的智能导购机器人解决了。商场中的智能导购机器人（见图2-1）对客户而言早已不是新鲜事，多家商场引入了“机器人导购员”，无须语音唤醒，可以识别人脸，并能主动上前与客户打招呼。了解了客户的购物需求后，智能导购机器人的交互屏幕上会显示相应的商品信息，有的智能导购机器人还可以引导客户到特定的购物区，大大方便了客户购物。室内导航及可以在购物及浏览过程中快速根据客户需求、物品位置实现精准匹配，定位营销，成为智能导购机器人给予客户良好体验的核心功能。

图 2-1　商场中的智能导购机器人

智能导购机器人具有以下功能。

（1）帮助客户提升购物体验。智能导购机器人可以引导客户更快地找到他们感兴趣的商品。客户实时获得的这些引导帮助，可提升其购物体验，影响其购买决定。

（2）减少弃购客户的数量。由人工智能驱动的智能导购机器人可以帮助降低平均购物车放弃率。它们通过以快速简便的方式回答客户有关产品和结账的问题来实现这一目标。它们还可以通过提供个性化折扣来帮助客户与商场或品牌保持互动。

（3）通过发送产品推荐和交叉销售来增加销售额。智能导购机器人通过自动化交叉销售和追加销售策略来提高转化率。它们可以根据客户之前的购买和浏览行为向其推荐产品。例如，当客户购买一双新鞋时，智能导购机器人会根据其所购买的这双鞋子推荐适合搭配的裤子、衬衫等。

（4）节省客服支持和营销相关的费用。可以给智能导购机器人设置自动回复来回答常见问题或跟踪订单，而无须人工回答每个客户的咨询。这可以减少对客服支持人员的需求。在无充足的客服支持人员的条件下，也能帮助客户快速找到他们需要的信息。此外，智能导购机器人营销具有非常好的投资回报率，可以降低企业客户获取成本。

2. 场景二：助力商业企业精准营销

精准营销是商业企业的追求，企业希望获得客户流量、客户购买率、复购率等数据，了解客户年龄、性别、个性等特征。通过商业客服智能机器人，企业能实现定向营销及精准服务。企业可以利用客流统计、客户特征识别，以及商场内部聚集热区分析，向客户提供个性化的销售，为商业企业的营销策划提供客观、准确的数据佐证。商业客服智能机器人对客户进行用户画像分析如图 2-2 所示。

商业客服智能机器人四个精准营销功能如下。

图 2-2　商业客服智能机器人对客户进行用户画像分析

（1）数据分析。实现精准营销，企业需要利用商业客服智能机器人进行全方位数据分析，让数据没有死角，完全用数据分析来指导决策。客户从线上线下的哪些媒体转化而来，客户使用产品或接受服务的体验如何，每一个环节都应该监测流量、转化率和客户行为特征，以形成全周期的分析。

（2）定义客户唯一标识，辨别不同客户的来源。简单而言就是从最源头起就给每一个还处于潜在购买状态的客户分配一个唯一 ID（身份号），这个 ID 将永久陪伴客户。通过这个 ID，企业对使用产品或接受服务很久的老客户依然能溯源。为了溯源，需要对于线上的不同媒体采用不同的链接特征标识，为线下的不同媒体，设置不同的客户电话或二维码。这样就可以将来源区分开，并能将每个客户的 ID 与其来源绑定。

（3）完善客户的属性、行为、购买信息。在沟通过程中，企业应采用友好的方式主动或被动收集更多客户信息。在线上，商业客服智能机器人可以主动收集客户来源，进行身份自动识别等。在线下，客户信息则需要客服人员通过沟通获取。企业通过线上、线下引入的潜在客户会有一定比例成为正式付费客户，客服人员应及时将这些客户信息录入客户关系管理系统中，由销售人员继续跟踪，提升转化率。

（4）持续跟踪和挖掘客户的使用行为。潜在客户转化成了正式付费客户，意味着其开始使用产品或接受服务。按照互联网思维来看，购买只是企业与客户产生关系的开始，今后要保持对客户的关注。客户在持续获得售后服务的过程中，一定会与企业有多次交互，这是持续收集更全面的客户属性信息的好机会。

3. 场景三：地下停车场智能停车与找车

有车一族都有在商业购物中心的地下停车场找不到空车位，购物后又要找车的痛苦经历。在私家车较为普及的今天，地下停车场是商业购物中心的重要出入口。但面对广阔、外形相似的停车环境，找车一直是人们购物后的一大痛点。已有购物中心开始布局智能机器人停车找车，把这个难题交给智能机器人来解决，帮助人们解决快速停车及找车的问题，受到驾车购物者的普遍欢迎。停车场自助缴费系统就具有这种功能，如图 2-3 所示。

图 2-3　停车场自助缴费系统

智能机器人寻车找车功能如下。

（1）快速查询数据。依托视频寻车位引导系统的信息采集模块，对停车场内的所有车辆信息进行综合处理和存储，实现动态分配管理，如固定寻车位、预约寻车位、临时寻车位、三维寻车位等，根据大数据分类获得各类车位的最新运营数量，按照预定算法提取服务器中的数据，为车主提供查询服务。

（2）快速停车。通过大数据的分析，引导高清视频寻找车位，根据商业综合体的实际情况，综合考虑建设环境、经济成本和技术应用现状，采用视频指导寻车解决方案，帮助车主尽快找到停车位。

（3）精准定位车辆。在智能寻车场系统中，智能机器人利用图像识别和智能分析，实现智能定位车辆，规划出寻车路线，智慧寻车。

二、服务机器人照护陪伴应用场景

中华人民共和国国家卫生健康委员会老龄健康司数据显示，2035 年，我国将进入重度老龄化社会，届时我国 60 岁以上老年人口的比重将占到全国总人口的 30%以上，老年人的照护和陪伴将有非常大的市场需求，特别是失智老年人的照护和陪伴将成为刚性需求。

1. 场景一：　24 小时全天家庭陪护

家庭陪护式机器人具有居家照护、智能定位、一键呼救、视频语音通话等功能，可以通过柔性机械臂给老年人喂食，拿取运送餐具、食物等，辅助部分肢体不便的老年人自行进食，还可与医院等机构实现远程诊断医疗。家庭陪护式机器人在辅助失能、半失能、残疾或无家属照料的老年人，以半自主工作或全自主工作的形式提供照护和陪伴服务，提升老年人的生活质量和自主能动性方面前景广阔，如图 2-4 所示。

家庭陪护式机器人不局限于对老年人的照护，其功能如下。

（1）家庭助手功能。可以进行提醒，记录事项，早上叫家人起床，出门时告诉家

图 2-4　家庭陪护式机器人

人天气如何，需要穿什么衣服等。

（2）智能家居控制功能。各种遥控设备的普及和 APP 远程控制的应用，体现人们对智能家居控制的需求，家庭陪护式机器人能满足人们的这种需求。

（3）语音对话。家庭陪护式机器人可以像人一样与人们进行语音对话，而不需要借助键盘、鼠标等，这种方式可以大大提升处理事情和信息交互的效率。

（4）人脸记忆。家庭陪护式机器人面对的使用者是不同的，且他们的需求和需要处理的信息都是独立的，因此具有人脸识别或声纹识别这种区分使用者的能力很有必要。

（5）视频通话。视频通话这个需求是一直存在的，通过家庭陪护式机器人进行视频通话的主要作用是提升这种在固定场所进行视频时的体验，如通过家庭陪护式机器人来追随爱动的孩子，或者不在家时远程巡视家里情况等。

2. 场景二：防跌倒和智能相伴

在全国陪伴护理型机器人需求调查中，带有防跌倒和智能相伴功能的机器人（见图 2-5）的需求一直位居前列。这种机器人通过底层技术研究老年人在空间中的各种姿态，再从姿态的变化判断是否跌倒并获得多项数据，进一步从数据中挖掘出老年人更多的需求，从应对响应变为主动照护。另外，大小便智能护理机器人利用电子感应装置与智能分析处理软件，通过自动抽取、冲水、烘干装置，为失能老年人提供智能全自动化护理服务，在“解放”子女和护理员双手的同时，也减轻老年人的心理负担。陪伴护理型机器人在临床护理、生活照料、排泄洗浴、安全监护、健康管理等方面的功能，能够满足安全看护、健康照护和亲情陪伴的需求，在市场中很受欢迎。

具有防跌倒和智能相伴功能的机器人的功能如下。

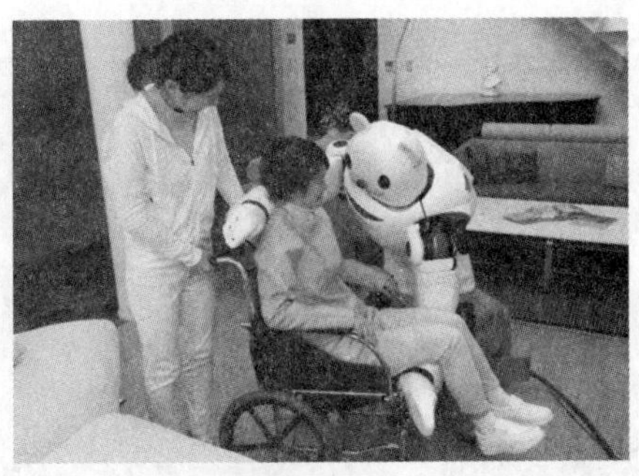

图 2-5　具有防跌倒和智能相伴功能的机器人

（1）预判防止老年人跌倒。这种新装置看上去像是电动椅，它的防护带套在使用者的臀部周围。防护带配备传感器，可以在老年人开始失去平衡时做出判断，机器人就会用防护带阻止老年人跌倒。它可以对老年人跌倒做出预判，并在老年人倒地之前扶住他们。

（2）帮助老年人坐下、站立和行走。

三、服务机器人餐饮服务应用场景

近年来，人们对无接触服务、安全卫生等需求的增加，给餐饮服务带来了挑战，机器人成了餐厅等服务场景中无接触服务的新宠。餐厅也不断在提升精细化服务上花心思，来增加机器人服务的"温度"。

1. 场景一：传菜

现在，不少餐厅都引入了传菜机器人（见图 2-6），代替服务员直接传菜，提高了餐饮服务的安全性与卫生性，可让客户用餐更加安心。传菜机器人主要以蓄电池驱动，充电 4 小时即可使用 24 小时，每次运载菜品量可达 25 款，并且能在营业时间内不停运作，效率稳定，可比采用纯人力的方法降低约 58%的成本。

2. 场景二：送餐

送餐机器人（见图 2-7）的引入为餐饮店的客户带来了新鲜体验，成为服务场景中的新亮点。"你好，3 号桌麻烦送两杯水。"客户通过电话告知了服务台，智能电话那头的语音小助手回答："好的，送两杯水到 3 号桌。"不到 1 分钟，客户便看见机器人把自己电话下单的两杯水送到了。一些餐饮企业在特定场景下将送餐机器人整合进自己的业务，实现了智能化升级和变革，并从中挖掘出新的销售机会。

图 2-6　传菜机器人

图 2-7　送餐机器人

四、服务机器人家庭服务应用场景

据公开数据显示，目前全球机器人中工业机器人占比超过 80%，军事及医学用途的特种机器人占比 10%，以家庭机器人为代表的服务机器人不足 5%。随着经济发展及老龄化进程的加快，以家庭为单位的兼顾安全防护、养老育婴，以及健康服务的机器人成为目前行业中关注的热点。

1. 场景一：智能家居整体智能服务

扫地机器人广受市场认可后，各类家庭智能服务机器人逐渐进入家庭成为人们家庭生活的必需品。家庭智能服务机器人的功能涵盖家庭中大到对老年人进行看护、服务、辅助医疗，小到日常生活中的闹钟、天气预报、路况信息、健康提醒等各个方面，如图 2-8 所示。还有一种安防机器人，可以监护家庭安全，代替人进行高危工作，主动、互动地保护儿童的人身安全，可以明显降低家庭事故的发生概率。家庭智能服务机器人也可以成为家居信息化、智能化及自动化的重要终端，成为所有家庭设备交互的界面。

家庭智能服务机器人功能如下。

（1）AI 管家。家庭智能服务机器人可作为智能家居的中央控制系统，控制全屋家电并联动物联网设备，执行如唤醒、睡眠、离家等模式。更重要的是，它还能够提前一步实现主动服务，不需要用户自行操作或者发出指令，主动调控全屋的智能家居设备。

（2）家庭助理。家庭智能服务机器人 24 小时在线，可以在家庭生活、家庭办公、老年人陪伴和子女教育等场景下，提供厨房菜谱、跑腿送物、日程提醒等服务。例如，

图 2-8　家庭智能服务机器人

在家庭助理功能板块的日程提醒中，机器人会通过不同渠道同步用户的时间需求，这样，家庭智能服务机器人就可以在适当的时间提醒用户。

（3）安全卫士。用户离家后，家庭智能服务机器人可以多点自主巡逻，主动感知家庭环境，实现 24 小时家庭安全布防等功能。在主动感知功能下，家庭智能服务机器人可以识别异常事件，如是否关门窗、关炉子，老年人是否跌倒等。此外，用户还可以远程控制机器人，360°查看家里的各个角落。

（4）科技玩伴。家庭智能服务机器人自动联动其他家电设备，既可以打造家庭移动影院，又可以作为游戏主持，参与互动游戏。

2. 场景二：协助家长开展家庭教育

家庭教育机器人（见图 2-9）是服务机器人的一个重要分支，它满足了父母对孩子启蒙教育和场景式陪伴的多种需求，可以与孩子亲切自然地进行交流，能够轻松实现读书识字、百科问答、英语翻译等孩子启蒙教育功能。家庭教育机器人在未来家庭中将起到越来越重要的作用。

家庭教育机器人的功能如下。

（1）人机交互。人机交互是家庭教育机器人最基本且最重要的功能之一。如果连基础的人机交互都无法实现，后续的语音识别等功能则无从谈起。

（2）学习资源丰富。家庭教育机器人的发明，就是为了满足不同年龄段孩子的学习需求，这使拥有丰富的学习资源成为必然。

（3）亲子陪伴。科技进步使人与人之间交互沟通的成本降低。以前两个人如果不在同一座城市，为了见一次面要花时间购票乘车，或者通信、打电话，这些交流方式耗时长，所付出的成本也大。而现在，只需要一键发起视频通话就能与远在他乡的亲

图 2-9 家庭教育机器人

人、朋友“面对面”进行交流，省时省力。家庭教育机器人具备亲子陪伴相关功能，只要发出指令，就可远程进行亲子语音、视频互动。

第 3 节 服务机器人技术模块与解析

一、机器人技术发展阶段

机器人技术发展大致经历了程序控制、自适应和智能化三个阶段。

1. 程序控制阶段

该阶段的机器人完全按照事先编制的程序进行工作，其程序写入有两种方式：一种是技术人员根据工作流程进行编写。另一种是“示教—再现”的方式，输入指令进行相应的工作，并将每一个工作步骤视为一条指令进行存储和记录，随后，可在相同的环境条件下，按照相同的流程和方法完成工作。程序控制机器人能够较好地模拟人的运动功能，根据预设的流程进行拿取、安放、拆卸、组装、翻转、抖动等工作，对于机械性的重复工作有很好的取代性，因而被广泛应用于机床、生产线等工业生产环境，从事安装、搬运、包装、机械加工等工作。但这一阶段的机器人有一个比较明显的缺陷，它只能按照既定的流程完成工作目标，无法灵活地适应变化的情况。此外，由于缺乏感知环境的能力，它无法及时地识别异常情况并进行工作流程上的调整，从而可能导致不确定甚至危险事件的发生。

2. 自适应阶段

通过传感器装置感知环境，并利用计算机进行控制是自适应机器人的主要特征。这种机器人通过传感器获取作业环境、操作对象的简单信息，然后由计算机对获得的信息进行分析、处理，进而控制自己的动作。由于其能随着环境的变化改变自己的行为，故称为自适应机器人。自适应机器人已经具有一些初级的智能，能够应对一定范围内的环境变化，但还没有达到完全“自治”的程度，需要技术人员的协调。有研究团队展示了其研发的具有自我知觉的自适应机器人，通过让自适应机器人在一定环境中进行自我学习并给予其相应的评价与反馈，该团队使自适应机器人拥有更好的模仿能力和直觉判断，从而增强自适应机器人对于信息的分析处理与适应性。Flexiv 公司于 2019 年 4 月发布了其产品自适应机械臂 Rizon，这种自适应机器人拥有极高的误差容忍度、强抗干扰性和强大的可迁移工作能力，可应用于制造、医疗、零售等多个领域，完成复杂的工作任务。为了达到这样的自适应性，Flexiv 公司自主研发了新型轴关节、关节扭矩控制器、独有的力觉感知技术，以及层级式机器人智能系统，使产品在人机交互及不确定的环境中也能保证控制及作业的安全性。

3. 智能化阶段

当前，机器人行业已经进入智能化发展的初级阶段。这一阶段的机器人具有更类似人的特征，主要表现在三个方面。

（1）具有多样的感知和交互能力。智能化机器人配备视觉、听觉、触觉等多种感官系统，能够从多个维度获取外部环境信息，并能够独立对这些信息进行加工处理，进一步影响和控制自身行为，与外界进行实时交互。

（2）具有灵活的独立决策能力。智能化机器人大多利用算法进行决策，根据外界环境的变化，可以自动计算并生成相应的决策指令来控制自己的行为。与自适应机器人相比，智能化机器人能够独立应对更加复杂的场景与环境。

（3）具有一定的自我学习能力。深度学习、强化学习等人工智能技术的应用使智能化机器人具备了学习和优化的能力，通过反复训练、学习，真正地掌握工作技能。人工智能技术的发展支撑智能化机器人不断实现创新突破。目前，服务机器人正在实现从感知智能向认知智能的升级，在深度学习、抗干扰知识识别、听觉视觉语义理解、自然语言理解和情感识别方面取得了长足进步。例如，日本软银集团等公司研发的人形机器人 Pepper 已经具备了语音识别、表情和声调的情绪识别技术，可通过判断人类的面部表情和语音语调，做出相应的情感反馈。

二、服务机器人核心技术模块

服务机器人想要拥有高效的感知、识别、理解等能力，离不开关键技术的辅助。服务机器人常见的三大核心技术模块包括环境感知技术模块、人机交互及识别模块、运动控制技术模块。

1. 环境感知技术模块

（1）环境感知技术模块内涵。环境感知是指系统具有的周围环境参数的采集、语义表达、语义查询解析和语义推理的能力。它要解决服务机器人的三个问题，即：我在哪？我周围是什么？我怎样在这个环境里安全移动？

环境感知技术是利用现代科学技术工具，解决环境感知问题的技术。

（2）环境感知技术模块技术原理。服务机器人的感知功能通常需要通过各类传感器来实现。借助传感器，服务机器人能够及时感知自身和外部环境的变化，为控制和决策系统做出适当响应提供数据参考。传感器技术是影响服务机器人环境感知技术模块发展进程的核心因素。系统内的单个传感器通常仅能获得环境的信息段或测量对象的部分信息，而服务机器人为整合多渠道数据信息并处理复杂情况，须从视觉、触觉、听觉等多维度配置相应传感器来采集环境信息。

服务机器人对传感器有三大需求：一是强抗干扰，由于服务机器人工作环境复杂未知，因此其须具备抗电磁干扰、灰尘和油垢等恶劣环境的能力；二是高精度，传感器帮助服务机器人自主完成指定工作，如果其精度很差，则直接影响服务机器人的作业质量；三是高可靠性，若传感器不稳定，很容易导致服务机器人出现故障，严重的则可能造成重大事故。服务机器人对环境感知一般需要应用各类传感器，如视觉、听觉、触觉等，强抗干扰、高精度、高可靠性是服务机器人对传感器的最基本要求。

目前，服务机器人对环境的感知大多通过激光雷达、摄像头、毫米波雷达、超声波传感器、GPS（全球定位系统）这五类传感器及其之间的组合来实现。受技术限制，目前市场上，服务机器人的服务功能大多缺乏复合性，感知技术的逻辑性较弱，行业应加强融合型感知技术的应用研究。在各种类型的传感器中，激光雷达是一种用于获取精确位置信息的传感器，可以确定物体的位置、大小等，由发射系统、接收系统及信息处理系统三部分组成。其优点主要包括分辨率高、抗干扰能力强、不受光线影响，以及体积小、重量轻等。相较于其他类型的传感器，激光雷达在精度和探测人体的稳定性方面能力十分突出，因此在服务机器人的感知系统中占据核心地位。

（3）环境感知技术模块功能。环境感知技术模块的主要作用有：对地图构建功能进行补充，帮助服务机器人对周围环境进行检测、识别和使服务机器人能够追踪，观察和理解人类行动，与人类友好共存。环境感知技术模块是服务机器人技术体系实现的基础和前提条件，是服务机器人感知环境及自身状态的窗口。服务机器人一旦失去感知能力，将无法帮助人们完成具体的工作任务，因此环境感知技术模块是服务机器人的“感知+运控+交互”技术体系融合发展的基础和前提条件。

2. 人机交互及识别模块

（1）人机交互及识别模块内涵。人机交互是指借助计算机外接硬件设备，以有效的方式实现人与计算机对话的技术，是指人发出指令后，机器通过系统感应分析进行数据识别的方式。人机交互技术是实现人机有效沟通的桥梁，多模态交互是未来发展的方向。一个完善的机器人系统需要友好的交互技术做支撑，功能齐全的人机交互系统能极大提升机器人使用体验，吸引用户使用。

服务机器人的人机交互及识别模块，就是使用人机交互技术，通过屏幕、语音、手势、网页后台等一系列的方式来控制机器人按照用户的意图执行服务任务。

（2）人机交互及识别模块技术原理。在人机交互过程中，人通过输入设备给机器输入相关信号，这些信号包括语音、文本、图像、触控等的一种或多种模态，机器通过输出或显示设备给人提供相关反馈信号。当前人机交互技术中最主要的表现形式分为语音交互技术和体感交互技术。

1）语音交互技术。语音交互技术以语音识别、自然语言处理、语音合成为主要技术构成模块。它以语音为主要信息载体，使机器具有像人一样的“能听会说、自然交互、有问必答”能力，其主要优势在于使用门槛低、信息传递效率高，且能够解放双手双眼。基于语音的人机交互是当前人机交互技术中最主要的表现形式之一。

交互界面通过接收外界输入系统的信息，通常是语音采集，经过语音解码后，导入既定的知识库进行语义匹配，进行逻辑处理，经过语音合成后，根据外部需求选择输出语音还是文本。整个模块最重要的是语音识别和语义分析两部分。根据不同的模式，语义分析可以包括很多种，如“进文本，出语音”“进语音，出语音”“进语音，出文本”等。其中，“进语音、出语音”最难。自然语言分析技术大致分为三个层面：词法分析、句法分析和语义分析，其中词法和句法分析目前已经基本解决。

2）体感交互技术。体感交互主要是通过摄像系统模拟建立三维空间，同时感应出人与设备的大小及其之间的距离，直接通过对人的姿势的识别来完成人与机器的互动。这种交互方式区别于传统的鼠标、键盘、多点触摸式的交互方式，而是由即时动态捕捉、图像识别、语音识别、VR（虚拟现实）等技术融合衍生出的交互方式。交互形式的合理性、交互行为的简洁性、交互意图的准确性，以及交互反馈的即时性是发展体感交互技术过程中的四大重要因素。体感交互技术早期以图像识别设备为实现载体，但随着体感交互技术的发展成熟，机器人未来有望成为高层次体感交互的载体。

（3）人机交互及识别模块功能。以第四代自然交互与通信为例，人机交互系统的主要组成部分包括：一是多模态输入/输出，包括文字、图形、语音、手势、表情、注视等多种输入方式，以及文字、图形、语音、手势、表情等输出方式；二是智能接口代理，智能接口代理是实现人与计算机交互的媒介；三是视觉获取，视觉系统主要用于实时获取外部视觉信息；四是视觉合成，使人机交互能够在一个仿真或虚拟的环境中进行，仿佛现实世界中人与人之间的交互；五是对话系统，目前主要有两种研究趋势，一种以语音为主，另一种从某一个特定任务入手，引入对话管理概念，建立类似于人人对话的人机对话；六是互联网信息服务，扮演信息交流媒介的角色；七是知识处理，自动地提取有组织的、可被人们利用的知识。

3. 运动控制技术模块

（1）运动控制技术模块概念。运动控制指机器人为完成各种任务和动作所执行的各种控制手段，既包括各种硬件系统，又包括各种软件系统。运动控制技术模块是机器人实现稳定运行的保障，主要包含位置控制、速度控制、加速度控制、转矩或力矩控制几种控制类型。

（2）运动控制技术模块技术原理

1）集中控制系统。集中控制系统用一台计算机实现全部控制功能，结构简单，成本低，但实时性差，难以扩展，在早期的机器人中常采用这种结构。其优点有：硬件成本较低，便于信息的采集和分析，易于实现系统的最优控制，整体性与协调性较好，基于计算机的系统硬件扩展较为方便。其缺点有：系统控制缺乏灵活性，控制危险容易集中，一旦出现故障，其影响面广，后果严重；由于机器人的实时性要求很高，当系统进行大量数据计算时，会降低系统实时性，系统对多任务的响应能力也会与系统的实时性相冲突；此外，系统连线复杂，会降低系统的可靠性。

2）主从控制系统。主从控制系统采用主、从两级处理器实现系统的全部控制功能。主处理器实现管理、坐标变换、轨迹生成和系统自诊断等，从处理器实现所有关节的动作控制。主从控制系统实时性较好，适于高精度、高速度控制，但其系统扩展性较差，维修困难。

3）分散控制系统。分散控制系统按系统的性质和控制方式将系统控制分成几个模块，每一个模块有不同的控制任务和控制策略，各模块之间可以是主从关系，也可以是平等关系。这种方式实时性好，易于实现高速、高精度控制，易于扩展，可实现智能控制，是目前流行的方式。

（3）运动控制技术模块功能。运动控制技术在机器人的执行过程中起到控制机器人运动的关键作用，其主要功能包括：控制机械臂末端执行器的运动位置（即控制末端执行器经过的点和移动路径）；控制机械臂的运动姿态（即控制相邻两个活动构件的相对位置）；控制运动速度（即控制末端执行器运动位置随时间变化的规律）；控制运动加速度（即控制末端执行器在运动过程中的速度变化）；控制机械臂中各动力关节的输出转矩（即控制对操作对象施加的作用力）；具备操作方便的人机交互功能，机器人通过记忆和再现来完成规定的任务；使机器人对外部环境有检测和感觉功能。

第 4 节　服务机器人应用典型案例

一、服务机器人商业服务应用案例

1. 案例一：商业导购机器人助力智慧零售

在第 20 届中国零售业博览会上，机器人的导购服务引来了不少围观者。

“您好！我是 Pepper，欢迎光临 Hi-shop 未来店。”机器人 Pepper 招呼迎面走来的客户，它的屏幕同时显示会员界面，通过高清 3D 摄像头（深度摄像头）进行会员人脸识别后，Pepper 主动询问客户想要购买的商品种类及信息。当客户回答想要给自己买一条舒适的男士围巾时，屏幕上随即显示出男士围巾的预览信息。接下来，Pepper 就像一名人类导购一样询问客户对材质、颜色、尺寸等的意向，甚至还推荐了正在进行的围巾促销活动信息。最后，贴心地显示出一张模拟地图，引导客户前往目标货架。

机器人 Pepper 不仅能担任导购，把人们从简单枯燥的重复劳动中解放出来，更能够做人做不到的事。它能通过对接企业管理系统，全方位了解企业的人、货、店各方面信息，进行全流程的数据信息采集及任务分析，配合大数据及云服务，为企业提供更完善的客流分析、区域热力图、门店经营数据，以及用户画像等精准企业服务。

思岚科技的 Ceres 机器人是最早进入零售行业的智慧货架机器人之一，它打破了传统货架位置固定、无法移动的局限，可以针对人群自主移动，增加曝光。如今，思岚科技的智慧货架机器人 Ceres 已被应用于生鲜、商超等多个领域。它可记录客流量、停留的人次及时长，并对客流进行分析，提供个性化商品展示及推荐。同时，它还可以基于自身位置信息及时间序列的客流统计数据，不断优化移动陈列路径。Ceres 机器人还可基于线下客流提供用户画像，包括性别、年龄区间、喜好等，该数据的支撑可成为生产、投放定量的重要依据。Ceres 机器人在移动方面具备了自主定位建图、路径规划及障碍物规避等功能，即使在人流密集的环境中，Ceres 机器人仍能穿梭自如。

2. 案例二：机器人助力“第一八佰伴”零售智能服务

科沃斯商场购物机器人是零售业专业机器人，拥有优秀的智能交互和移动能力。2016 年，开业 21 年、曾创造多个设施和规模上“亚洲之最”的上海第一八佰伴新世纪商厦（以下简称第一八佰伴）重装后全新亮相，基于用科技元素为客户营造体验式购物场景的初衷，商场引入数种智能化互动装置，科沃斯商场购物机器人就是其中之一。

“欢迎光临八佰伴，祝您购物愉快！”科沃斯商场购物机器人身高不足 1 米，头上有两个金黄色犄角，身穿绿色衣服，拟人化的外形亲和力十足。进入第一八佰伴后，它主要担任客户服务的工作，负责迎宾送客、公共服务咨询等事务，每日在商场门口为客户送上亲切热情的问候。当客户询问楼层分布、洗手间位置等问题时，如：“请问，我去哪个楼层可以买童装?”科沃斯商场购物机器人会以最快的速度检索出答案，并准确无误地告知客户，为客户开启愉快的购物之旅。

其实，科沃斯商场购物机器人的功能可不止这些，它可算是零售智能服务的小能手。

（1）为线下零售营销创造新潜能。第一八佰伴是国内第一家国务院批准的中外合资商业零售企业，在创新商场营销上倾注了无数心血。至今，第一八佰伴依然是上海浦东零售营业额的“领头羊”。除了客户服务，科沃斯商场购物机器人还能为购物中心提高人气，并能实现快速解答咨询、个性化推荐店铺及商品、多元化方式传播折扣信息等功能，用优质高效的服务赢得了业主和客户的喜爱。科沃斯商场购物机器人出色的营销能力，将有机会为其创造更多的营销新应用。

（2）围绕客户兴趣的精准营销。年轻一代客户越来越期待获得实时和个性化的体验，而科沃斯商场购物机器人的可移动性、亲和外表和智能交互能力等先天优势，使它成为一位优秀的“智慧导购”。它可通过吸引客户与其良性互动，再依据客户的兴趣或需求，主动用语音、图像、视频等方式个性化推荐商品与服务。相比人类导购，它提供的内容更加及时、准确且全面，既满足客户快捷获知信息的需求，又达到精准营销的目的。

（3）高效助力各类促销活动。在节日和店庆时，科沃斯商场购物机器人更是一位“促销好手”，为零售业主、商家开拓一条高性价比的新渠道，延伸新的营销场景和空间。它是可移动的广告平台，不仅能在购物中心、露天广场、社区、学校等区域，用声画推送促销广告、发放优惠券，还能上台担任商场活动主持人。新奇有趣的机器人元素能快速聚拢人气，并通过与人互动，提高促销信息抵达率和二次传播。

未来科沃斯商场购物机器人还将与零售业务场景更紧密地结合，通过更高水准的机器人自主运动能力陪伴客户逛街；用人工智能实现 VIP（贵宾）专属服务，进一步优化精准营销应用；通过加载专业应用软件的方式，成为虚拟商铺入驻平台，或与商场内的餐厅订位点餐系统联动，为客户提供贴心的辅助生活服务等。

二、服务机器人照护陪伴应用案例

1. 案例一：家庭照护机器人促进智能养老服务

“艾米，我想和我的儿子对话。”老人只要坐在床边，就可以对着这个叫艾米的机器人发出语音指令。没多久，艾米帮老人与儿子连线成功，儿子从手机里看到老人，老人从艾米的“脸”上看到儿子，两人愉快地聊起天来。

晚上 9 点，老人在客厅看电视剧，他让艾米帮他打开卧室空调。看完电视后，老人进卧室休息，此时温度正好。艾米使他不会因为去开空调而错过电视里的精彩镜头。

家庭照护机器人艾米如图 2-10 所示。

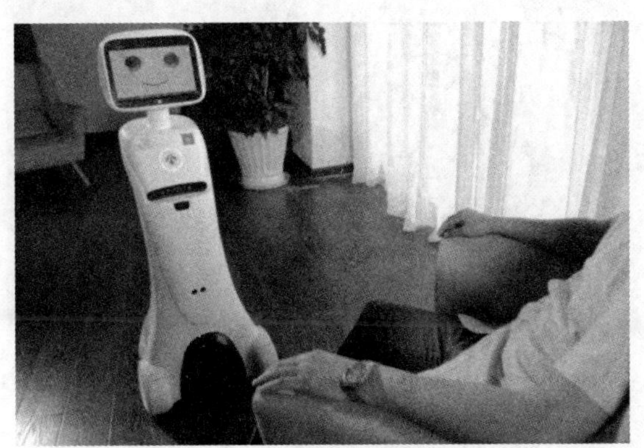

图 2-10 家庭照护机器人艾米

健康照护是艾米的重要功能，它可与人进行智能交流，通过人脸识别技术，识别追踪人脸，捕捉镜头，发起视频通话。当老人外出活动回到家，它会贴心地问候老人，就像是一名家庭成员。艾米还预装了医疗版块，老人可以通过它咨询一些健康问题。未来，人们可以通过语音系统挂号，与各级医院联网，直接通过机器人与医生远程沟通。同时，艾米还能为老人做好健康档案，也能帮助老人量血压和心率，并记录。如果老人生病了，也不用担心自己忘记吃药，因为艾米能按时提醒老人吃药。

艾米还有一项重要功能，就是安全防护。艾米装有红外系统，可以监测老人的安全状态。如果老人在家跌倒，艾米能马上通知老人的亲属或社区有关机构。不久的将来，这种类型的家庭照护机器人将进驻老人家中，成为老人的好助手。

2. 案例二：智慧养老机器人协助老人就医

在北京市海淀区北影社区黄亭子小区有一位老人出门时不慎跌倒，左手、左脚骨头错位，独居的他出行十分不便，没人陪护，不会叫车……社区居委会了解情况后，马上帮老人联系安装了一台智慧养老机器人——小联。“小联，小联，我想明天叫一辆车送我去医院。”小联接到老人的指令后马上接通了后台人员，与老人确认了住址、医院、用车时间等具体信息。就这样，老人通过小联预约了用车送医服务。第二天一大早，预约的车辆准时到了老人家楼下，工作人员入户将老人扶下楼并送到了医院，并全程陪同就医。老人满意地说：“这小机器人真是个不错的帮手，不光帮助我预约了就医车辆，我这腿脚不方便想买点菜，一呼叫它，也有人帮我送货上门。”

智慧养老机器人小联如图 2-11 所示。

图 2-11　智慧养老机器人小联

北京市海淀区花园路街道、学院路街道多个社区目前试点引入了这种智慧养老机器人，优先供独居、孤寡老人使用。这种机器人内置了 100 多项养老服务项目，20 万条养老语音知识库，急救、护理、代购、用车、维修、缴费等老人日常生活中的基本需求都可以通过直接与后台专业服务人员联系得到满足，还可以像一个普通智能设备一样播放新闻、音乐、相声等，供老人娱乐。

老人晚年身体功能退化，有的无法照料自己的生活起居，但他们渴望过有尊严的生活，不愿意一天到晚躺在床上，尤其是连大小便都需要别人帮忙。机器人白泽装有全自动语音和视觉功能识别系统，有“耳朵”，有“眼睛”。只要让它在屋里转一圈，它就能记住并熟悉家里的基本情况，如家具的摆放位置等。它还能听得懂主人发出的指令，喊它的名字，就算它背对着主人，也能感知主人的位置。白泽体重 120 千克，使用安全，不容易摔倒。它会针对服务对象的身高、体重等，精确计算，分辨头部、颈部、肩部、腋下等位置，轻柔地扶、抱老人。其与人体的接触面是柔软的，内嵌海绵，真皮包裹，模拟真人柔软的怀抱。

智慧养老机器人进入家庭、养老机构和社区，老人的居家生活变得便捷化、智能化，老人在晚年能够有尊严地活着。智能机器人不仅是老人的伙伴，更是老人的健康管家、安全卫士。

三、服务机器人餐饮服务应用案例

1. 案例一：服务机器人亮相北京冬奥会

2022 年北京冬季奥林匹克运动会（简称冬奥会）期间，中国的“机器人大厨”和“无接触送餐”亮相主媒体中心的无人智慧餐厅，得到了很多人的关注。在冬奥会智慧餐厅中餐区，美食通过上方的机械化轨道“从天而降”，自动送到对应的餐桌，如图 2-12 所示。

图 2-12　无接触送餐

“菜很好吃，特别棒。”

“火候正合适，香脆可口。”

“边吃边看机器炒菜、送餐，太有趣了。”

就餐的媒体记者就餐后纷纷评价。

据了解，北京冬奥会无人智慧餐厅配备了120台制餐机器人，24小时待命，可同时服务数千人。除了地道的中国菜，“机器人大厨”还可以制作汉堡、比萨、鸡尾酒等多种类型菜肴和饮料。起锅、炒制、调味、装盘等环节自动完成，用料比例和烹煮时长都有严格的限制，不少用餐者表示“机器人大厨”水平不亚于人工厨师，如图2-13所示。

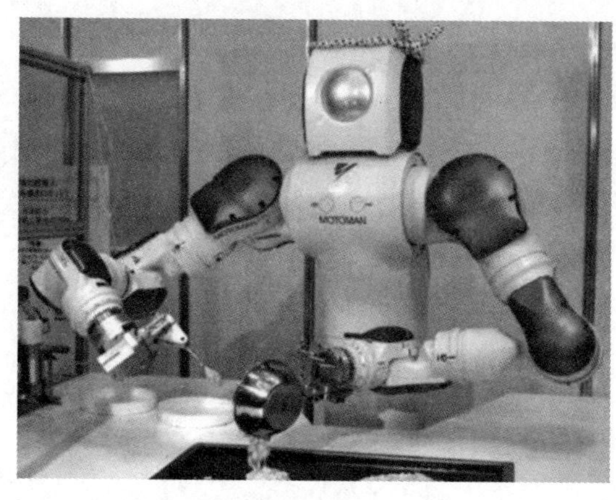

图2-13 “机器人大厨”

2. 案例二：服务机器人打造智能餐厅服务

“周麻婆”是在福州创立的餐饮品牌，主打快餐式小炒，麻婆豆腐、麻婆泡菜鱼、麻婆香水鱼、榕城荔枝肉、麻婆脆皮鸭是其招牌菜，全国近300家直营门店每年为上千万人提供餐饮服务。2022年，“周麻婆”使用机器人打造智慧餐厅，高端送餐机器人“欢乐送”“贝拉”和配送迎宾机器人“葫芦”在“周麻婆”的多家门店上岗。“葫芦”是一款具有高效配送、揽客拉新、迎宾领位和广告营销等多重功能的机器人，备受餐厅和客户的好评（见图2-14）。“欢乐送”和“贝拉”也毫不逊色，它们是名副其实的配送能手。智能送餐机器人成了“周麻婆”餐厅里的“服务员”。

当客户走进“周麻婆”门店，“葫芦”便会前来迎接客户并将客户引到对应的餐桌旁，它用超大的屏幕向客户推荐店里的特色菜品或者优惠活动。做好菜后，厨师只要将菜品放在它的托盘上，然后点击桌号，它便带着美食稳稳地驶向餐桌。与此同时，在比利时东佛兰德省圣尼克拉斯市的“美味”餐厅，两台来自中国的机器人“服务员”成了这里的“明星”，它们穿梭于餐厅后厨和大堂，为客户送上一道道美食。在享受美味之余，来用餐的小朋友们经常会与服务机器人发生有趣的互动。

除了送餐机器人，如今的机器人餐厅已经出现了炒菜机器人、洗碗机器人等类型的智能机器人。曾经被打上科技感、“网红”标签的机器人餐厅，正在逐步成为人们

图 2-14　配送迎宾机器人“葫芦”

解决一日三餐的“身边餐馆”。送餐机器人上岗之后，迅速成为餐厅的“红人”，不少人在社交平台分享与它们的互动，人们对机器人的喜爱之情溢于言表，如图 2-15 所示。餐厅服务机器人的加入让人们在就餐中体验到美味与趣味的结合，也成为餐饮企业的又一品牌特色。

图 2-15　送餐机器人

有的餐厅服务机器人搭载了传感器融合算法和 3D 感知算法，即使在人流量巨大、高动态的场景下，仍然可以精准导航和灵活避障，穿梭自如。餐厅服务机器人用物力代替人力，可以减少人工干涉，实现中餐的标准化。更重要的是，机器人不需要休息，不仅节省了聘请大厨的人力成本，而且还能保证出餐效率和菜品口味的稳定性。

四、服务机器人家庭服务应用案例

1. 案例一：服务机器人助力家政清扫服务

春节前，张女士买了一款智能擦玻璃机器人，趁着周末天气好，在家里进行大扫除。只需要一键启动，机器人就能自动工作。它能通过自带传感器探测周围环境，规划出合理的清洁路线，擦拭完成后自动回到起点。有需求就有市场，近几年，擦玻璃机器人、扫地机器人、智能洗地机，各种解放人类双手的“家政机器人”畅销，人们可借助科技，轻松地让家里焕然一新。

擦玻璃机器人如图 2-16 所示。

在位于某商厦的一家智能清扫机器人专柜，销售员正在展示一款扫地机器人的使用方法。这款扫地机器人可以一天多次清扫，在运动算法上设置了仿人工往复式扫地程序，扫地过程中遇到地毯会自动避开。设备自带摄像头，用户从手机 APP 上即可进行实时监控。

扫地机器人如图 2-17 所示。

图 2-16　擦玻璃机器人

图 2-17　扫地机器人

2. 案例二：服务机器人助力家政智能服务

美的集团于 2022 年 6 月正式发布家庭服务机器人品牌 WISHUG。只要呼喊它的名字，说出需求，它就能完成任务，如叫外卖、讲故事、放音乐、打扫卫生，甚至还可以控制智能家居。不仅如此，它还能通过声纹识别功能，识别家里每个成员的身份。“叫孩子起床”“给老爸充话费”“给我点杯奶茶”，在“万物互联”背景下，只需要一句话，这些工作就都能完成。这款机器人的核心功能包括：AI 管家、家庭助理、安全卫士、科技玩伴。它的定位是一个家庭中央控制系统，能够响应语音或显示屏操控，联动家里其他物联网设备。

美的集团 AI 创新中心负责人介绍，以上是初代产品可实现的功能，未来还希望能够实现家务闭环，如让机器人去冰箱拿一瓶可乐，不需要人的介入就能完成。同时，机器人采用了美的自主研发的 3D 语义地图技术，用户能够用语音指示机器人去指定的房间、家具或另一位家庭成员附近。在技术方面，美的集团 AI 创新中心有 6 个研究方向：语音、计算机视觉、导航、边端智能、知识图谱、机器人学习。

第 3 章 智慧零售服务

第 1 节　5G 与 5G+MEC

一、5G 概念及其发展现状

1. 5G 的概念

5G 是第五代移动通信技术（5th generation mobile communication technology）的简称，是具有高速率、低时延和多连接特点的新一代宽带移动通信技术。

1G 到 2G，实现了模拟通信到数字通信的过渡，移动通信走进了千家万户；2G 到 3G、4G，实现了语音业务到数据业务的转变，传输速率成百倍提升，促进了移动互联网应用的普及和繁荣；5G 通信设施是实现人机物互联的网络基础设施。

2. 5G 的应用特征

5G 作为一种新型移动通信网络，高速率、低时延和多连接是其突出的应用特征。这一特征使其不仅解决人与人通信，为用户提供增强现实、虚拟现实、超高清视频等更加身临其境的体验，更要解决人与物、物与物的通信问题，满足移动医疗、车联网、智能家居、工业控制、环境监测等物联网应用需求，为用户带来速率更快、可靠性更高、连接场景更多的更好体验，5G 渗透到经济社会的各行业、各领域，成为支撑经济社会数字化、网络化、智能化转型的关键新型基础设施。

3. 5G 的商业应用

中国 5G 发展取得了世界领先的显著成就，目前已建成 5G 基站超 115 万个，是全球规模最大、技术最先进的5G独立组网网络。自2019年5G开始商用以来，其在稳投资、强产业、促消费、惠民生、助转型等方面发挥了重要作用，为经济社会发展注入了新的动能。现在，5G已经成为推动全球数字经济发展的重要动力，带动生产和生活方式产生新的变革。

（1）5G带来了消费体验的品质升级。5G时代，运营商持续通过技术升级、提升运营管理效率等方式，为用户提供更高品质、更高性价比的服务，看视频和视频通话更加顺畅，不再卡顿，加上运营商服务资费水平仅为国际平均水平的一半左右，高性价比的服务，驱动着流量爆发式增长。5G除了带动流量的快速增长，也催生了高清视频、5G消息、5G新通话等新应用的发展。5G与AR（增强现实）、VR（虚拟现实）、人工智能等技术的融合，也正在创造更多新的服务体验。例如，在北京2022年冬奥会上，中国联通将5G技术与“子弹时间”“毫秒级低时延多视角切换”“8K VR超高清直播”等应用结合，为全球观众带来了一次前所未有的“科技冬奥”“智慧冬奥”新体验。

（2）5G加速了数字经济与实体经济融合。5G推动了“人人互联”向“万物互联”的扩展，“5G+”“加”出了数字经济深度融入实体经济的新天地，形成了“一业带百业”的新局面。5G应用已经实现了“从0到1”的突破，正在实现“从1到N”的飞跃。5G已经释放出赋能产业变革的巨大潜力，5G应用“扬帆远航”的局面正在形成。5G通过数字化技术融合创新，为商业转型升级提供了工具箱和方法论。

（3）5G开辟了产业链转型升级的新市场空间。中国运营商在5G时代高质量协同发展，合力打造5G精品网络，为经济社会发展贡献力量，推动产业链、价值链、创新链转型升级、融会贯通。运营商的角色已不再是传统意义上的“管道提供者”，而是作为先行推进自身数字化转型的科技创新公司，通过不断深化与使用者的共建共享，积极推进低、中、高频5G网络协同部署，持续提升5G网络覆盖的广度和深度。

二、5G+MEC智慧商业

1. MEC的概念

越来越多的用户习惯于通过移动终端观看网络视频，大量消耗着无线资源和带宽，对无线运营商和视频业务提供商都构成了巨大的挑战。伴随4K视频、AR、VR逐渐形成风尚，在差异化服务需求的推动下，无线网络压力将有增无减。在此背景下，MEC技术应运而生，它最早由卡内基梅隆大学研究并提出。2014年，欧洲电信标准协会（ETSI）正式定义了MEC的基本概念并成立了移动边缘计算规范工作组，开始启动相关标准化工作。

MEC 技术是移动边缘计算技术（mobile edge computing）的简称，是指利用无线接入网络就近提供电信用户所需的 IT 服务和云端计算功能，而创造出一个具备高性能、低延迟与高带宽的电信级服务环境，加速网络中各项内容、服务及应用的快速下载，让用户享有不间断的高质量网络体验。这一技术可以使无线网络和互联网有效融合在一起，并在无线网络侧增加计算、存储、处理等功能，通过无线 API（应用程序编程接口）开放无线网络与业务服务器之间的信息交互，有效降低传输网络的压力，让运营商可以位于基站侧更快地处理信息，实现差异化服务，真正改变用户的视频观看体验。

如果说云计算技术把信息集中在“云端”，实现了资源的更优配置，MEC 技术则着力于信息的本地化传输，在大视频乃至 5G 时代，都将不可或缺。目前，MEC 技术已经发展演进为 5G 移动通信系统的重要技术之一。通过在无线网络侧增加具备计算、存储、网络资源管理等功能的边缘节点，MEC 技术能够将无线网络、数据缓存和云计算技术有机地融合在一起，并因此有效推动 5G 移动通信系统在车联网、物联网、无人机网络、商业零售和智慧城市等领域的应用和发展。

2. 5G+MEC 智慧商业的内涵

5G+MEC 智慧商业（见图 3-1）以 5G+MEC 平台为基础，将是线上与线下消费的完美结合，给人们带来全新的购物体验。以 5G+MEC 平台为支撑，人们既能够足不出户，在家体验“沉浸式”的购物，又能够移步智慧商业综合体，享受“5G 环绕”的购物体验，还能同步下单，享受回家即收货的服务。

图 3-1 5G+MEC 智慧商业

3. 5G+MEC 智慧商业对传统商业的改变

（1）5G+MEC 智慧商业提升了购物效率。在 5G+MEC 新技术下，5G+MEC 智慧商业拓展数字触点，丰富消费场景，提升消费品质，与用户建立深度互动，产生情感共鸣和社交分享，持续提升用户满意度和客户精细化运营效率。

（2）5G+MEC 智慧商业加速了商业综合体的数字化转型。5G+MEC 智慧商业重构商业场景，打造线上线下深度融合的新型信息消费模式。5G 为商业综合体赋能，为商业综合体及商户创造全新导流导购及数字化营销场景，加速实体商业人、货、场数字化升级。

（3）5G+MEC 智慧商业为人们带来全新的购物体验。面对消费升级的时代，将文化气质、情感内涵、社交体验、生活情境融入消费场景，成为重构人与商业连接的关键。5G+MEC 新技术成为匹配需求场景化的连接点，纷纷加速全域数字化融合创新，给人们带来沉浸式、娱乐化全新购物体验。

第 2 节　5G+MEC 智慧商业应用场景

5G+MEC 在商业领域的应用场景主要体现在 5G 数字孪生空间、5G 云 XR（扩展现实）数字营销、5G 云 XR 娱乐空间和 5G 云 XR 虚拟导购。

一、5G 数字孪生空间

1. 5G 数字孪生空间实现原理

商业综合体打造的 5G 数字孪生空间，通过点云地图部署虚拟景观道具，经过简单操作即可将内容发布在运营商自主研发的 MEC 平台，在云端进行“消息转发服务”“定位解算服务”部署，依托边缘计算进行云网协同，针对数字孪生平台及丰富的 AR、VR、MR（混合现实）应用提供低时延、大带宽、高算力的业务保障能力。在应用架构设计中，设计者基于云边协同将 XR 云渲染、云游戏等内容部署在 MEC 平台上，在充分保证连接可靠性的同时降低时延和抖动，面向商业综合体运营方实现大空间、定制化场景的厘米级空间定位和小时级高效规模部署，提供极致的沉浸式、高精度、高保真、大规模混合现实应用，将时延从 50 毫秒降至 10~20 毫秒，行业率先实现 5G+MEC 商用场景在公众市场的落地。

2. 5G 数字孪生空间主要功能

（1）可视化。使用计算机图形和图像处理来呈现过程或对象的模型或特征，以支持人类的理解。

（2）优化。设计和操作一个系统或过程，使其在某种意义上尽可能地实现更好的功能。

（3）预测。用来获得一个量的预测值的计算过程。

（4）仿真。以实验或训练为目的，将原本的系统、事务或流程，建立一个模型以表现其关键特性或者行为、功能的方法。

（5）监控。一种向人员和控制程序提供自动性能监督和过程状态报警的方法。

（6）增强现实。真实环境的交互体验，其中驻留在真实环境中的对象通过计算机生成的感知信息进行增强。

3. 5G 数字孪生空间商业应用场景

5G+MEC 智慧商业数字孪生平台通过对商业综合体等线下商业场景进行数字孪生基座的采集重建，将现实空间解析再编程，建立物理空间的数字孪生世界映射，进而在其中创作有趣的逛街、消费、社交、互娱体验（见图 3–2），人们通过手机、平板计算机上的 APP、小程序及 AR 眼镜等 XR 交互终端，在真实场景访问虚实融合的商业互娱平行世界，打通会员积分、品牌营销与商业闭环，通过 XR 场景智能引擎让线下商业可以像游戏一样运营。

图 3–2　5G+MEC 智慧商业数字孪生平台互娱体验

二、5G 云 XR 数字营销

1. 5G 云 XR 数字营销的实现原理

5G 云 XR 数字营销依托 5G+MEC 智慧商业平台，围绕商业综合体零售场景打造从“引流入场”到“场内停留”，再到“离场后触达”全流程智慧解决方案，通过网络+

边缘机房部署、商业综合体和商户整体上云、数字孪生点云地图采集、5G 云 XR 定制化建模编辑和 5G 云 XR 各类部署落地，实现商业综合体数字孪生建模、平台接入落地和定制化场景部署，为商业综合体构筑 5G 数字能力底座和数字空间资源分发平台。

2. 5G 云 XR 数字营销的应用类型

5G 云 XR 数字营销应用类型包括 5G 云 XR 数字景观、5G 云 XR 导航导览、5G 云 XR 红包探宝、5G+AI 智能停车、5G 超高清云直播等多种类型。

3. 5G 云 XR 数字营销的商业应用场景

5G 云 XR 数字营销重构场景化社交化商业场景，在商场可以设计 AR 社交点评、AR 探宝、红包雨、折扣券、“5G PLUS”会员零元购、VR 眼镜、云游戏手柄、咖啡券、盲盒券、电子支付优惠券等，创造沉浸式购物体验，实现商业综合体人流、商流、信息流、资金流四流汇聚，促进线下流量一站式转化变现，为人们提供全新游购体验。5G+AI 智能停车系统通过 3D 扫描建模和车辆智能识别，帮助人们停车寻车，解决停车场管理痛点，结合大数据分析实现精准会员服务推送。人们走近商场即可收到实时卡片推送，了解美食、停车及最新会员权益服务。打开店铺 AR 导航导览，“逛街”沿途随心浏览众多商家的品牌视频广告和点评评分，扫码商户店招，用 AR 探宝技能寻获超值大奖，抢 AR 红包赢取超级福利。身临其境与中华文化、宇宙星空、海底世界、艺术长廊等 AR 虚拟景观打卡合影。离开商场后，人们可以通过服务号功能关注对应商家，了解商家最新的优惠活动信息，持续保持互动。人们还可以足不出户体验 5G 超高清云带来的云端音乐节、云端艺术周等，来一场虚实交融的奇妙旅程。5G 云 XR 数字营销的红包雨如图 3-3 所示。

图 3-3　5G 云 XR 数字营销的红包雨

三、5G 云 XR 娱乐空间

1. 5G 云 XR 娱乐空间的实现原理

XR 是 VR、AR、MR 等多种技术的统称，区别于传统视频形式，云 XR 具有沉浸式、可交互、虚拟数字和现实环境相结合等特性。XR 一是需要更高速率的网络来传输，二是互动类云 XR 应用需要极低的网络时延才能支持，三是需要下沉到网络边缘的渲染等计算处理能力支持。而 5G 高速率、低时延，以及边缘计算等特性确保了云 XR 业务的良好体验。通过 5G 的新型网络架构和端边云协同，XR 终端成本、功耗和体积显著降低，随着 5G 时代的到来，云 XR 业务也将迎来规模发展。5G 云 XR 能力平台，可以实现终端的无绳化、移动化、低成本、低功耗，并通过支持渲染、感知上云等新技术需求，达到云、网、边、端能力协同。5G 云 XR 能力平台还可以创新业务模式，不断丰富边侧应用，实现内容集中部署，内容、平台、终端解耦。

2. 5G 云 XR 娱乐空间的应用类型

云 XR 业务划分为弱交互云 VR 业务、强交互云 VR 业务和云 AR 业务三个大类，以实际满足用户体验需求为目的，综合考虑涉及内容、终端硬件、传输协议等多方面的指标，提出了三类云 XR 业务在网络带宽、时延、抖动、云端的资源调度、适配能力、高算力等方面的通信能力要求和云服务能力要求，具体应用类型有 VR、AR、MR 三个基本应用类型。

3. 5G 云 XR 娱乐空间的商业应用场景

在汇集时空穿梭机、无人赛车、飞行影院等多款劲爆 5G 云 VR 游戏的 5G 云 XR 娱乐空间，用户争相感受 5G 云 XR 技术带来的沉浸式感官风暴。与 AI 偶像互动热舞，实时录制炫酷的短视频，制作成视频彩铃，还有商业综合体定制版 5G 视频彩铃，为综合体运营方和零售商户量身定制。

5G 云 XR 娱乐空间如图 3-4 所示。

四、5G 云 XR 虚拟导购

1. 5G 云 XR 虚拟导购的实现原理

依托高安全、低成本、大容量的云网协同技术优势，整合 CDN（内容分发网络）云服务和 VR 平台能力，为商业综合体和代理商打造出 360°全景虚拟导购平台。

图 3-4　5G 云 XR 娱乐空间

2. 5G 云 XR 虚拟导购的功能

（1）沉浸式 VR 交互技术，为用户打造身临其境的购物体验。依托高安全、低成本、大容量的云网协同技术优势，整合 CDN 云服务和天翼云 VR 平台能力，商业综合体和代理商打造出 360°全景虚拟导购平台。用户利用手机便可随时随地体验沉浸式购物。

（2）打通多终端形成社交传播与“粉丝”裂变，提高商户营销转化率。除了增强用户线上体验感，在线虚拟购物打通现有电商平台，通过手机微信、VR 设备多终端的社交分享传播裂变特性，有效为商户扩大消费规模，降低运营成本，提高营销转化率，让商户在自有会员流量池的基础上扩充“粉丝”。

（3）培育壮大新型消费、升级信息消费。VR 全景虚拟导购云平台，解构传统线上商品展示逻辑，通过 5G 与 VR、AR 技术重构零售场景化体验销售新模式，与广大商业综合体、产业链合作伙伴一起协同发展，让更多商业综合体、品牌商和零售商加入这场线上线下融合的信息消费场景打造中，开启 5G+XR 零售购物新纪元。

3. 5G 云 XR 虚拟导购的商业应用场景

零售商户实现 5G 云 XR 虚拟导购，用户足不出户利用手机便可随时随地享受云货架、云橱窗、云逛街等沉浸式购物体验，与心仪的商品深度互动，同时还可点击查询每款虚拟商品的实时价格、限时特惠活动、会员权益信息等，在轻松自在的娱乐环境中完成线上下单购物，如图 3-5 所示。

图 3-5　虚拟导购

第 3 节　5G+MEC 应用典型案例

一、5G 数字孪生空间案例

1. 案例一：5G+MEC 智慧商业数字孪生平台领航智慧商业新时代

在以“和合共生”为主题的 2021 世界移动通信大会上海展会（见图 3-6）上，中国电信集团全渠道运营中心联合号百控股股份有限公司打造的 5G+MEC 智慧商业数字孪生平台，助力 GSMA（全球移动通信系统协会）打造了具有 5G 虚拟共生特色的“5G 创新地带展区”（见图 3-7），吸引了无数业内人士的眼球。

图 3-6　2021 世界移动通信大会上海展会

5G+MEC 智慧商业数字孪生平台依托中国电信自主研发的边缘计算平台提供低时延、大带宽、高算力的业务保障能力。通过领先的点云地图技术，平台为商业综合体、

图 3-7 “5G 创新地带展区”

商业步行街或大型场馆提供定制化场景的厘米级空间定位和小时级高效部署，这一精度比 GPS 还要强 50 倍。平台还面向用户提供极致的沉浸式、高保真、混合现实应用，用户体验时延可降至 10~20 毫秒。

展会上，中国电信对展区进行了高精度三维空间数字孪生建模，还原了展馆所有空间信息，定制了基于真实空间的数字孪生景观，不仅展现了真实世界的信息，还显示了虚拟的信息，两种信息相互补充、叠加。在视觉化的增强现实中，现场观众可通过主流型号的 5G 手机、AR 眼镜、平板计算机，看到真实世界中呈现的数字世界，与各种超现实虚拟场景同框互动体验、合影拍照，真切感受“黑科技”的炫酷魅力。另外，观众还可以看到悬浮于空间的“天翼 1 号”云手机高清大屏，点击了解“天翼 1 号”的详细信息，可线上一键下单或前往就近门店体验购买。

除了线上线下、虚拟现实体验，展会还为现场观众带来 AR 抢红包活动体验。使用小程序扫一扫现场各展位的二维码，就能抢到 AR 红包雨。参展观众积极参与互动，希望在 AR 红包雨中能有好运气。

目前，5G+MEC 智慧商业数字孪生平台已完成 28 省逾 150 家商业综合体落地。凭借科技创新及规模落地，已获得 2020 第三届“绽放杯”5G 应用征集大赛总决赛一等奖等多个重要奖项。

中国电信率先打造 5G+MEC 智慧商业数字孪生平台，领航智慧商业新时代，为商业综合体构筑 5G 数字能力底座和数字空间资源分发平台。平台整合中国电信领先的 5G 云网及边缘计算能力，推出 XR 数字景观、数字营销、社交点评、云直播、AI 商业大数据等应用场景，联合综合体运营方、商户、生态伙伴开展数字化运营，打造全渠道、全触点数字化营销新模式。

2. 案例二：5G+MEC 智慧商业数字孪生平台带来消费新模式

在中华人民共和国工业和信息化部（以下简称工业和信息化部）正式公布的 2021

年新型信息消费示范项目名单中，中国电信天翼云承载的 5G+MEC 智慧商业数字孪生平台项目脱颖而出。

作为中国电信集约打造的 5G 定制网标杆项目，5G+MEC 智慧商业数字孪生平台依托天翼云云网资源布局中 3 000 多个边缘节点，整合了 5G、大数据、虚拟现实、人工智能及数字孪生技术，为商业综合体、商业街区、购物中心运营方，零售商户及客户打造了线上线下深度融合的数字零售解决方案和综合运营管理平台，并在此基础上推出了数字地图、数字营销、数字娱乐、智慧运营等应用，全方位大幅度优化商户的服务及客户的体验。

以该平台的智慧运营应用为例，商户可以借助信息流投放服务平台将信息精准投放到目标人群，并且可设置每日预算，灵活控制成本。平台还可以从场、店、人三个方面进行数字化分析，帮助商户实现数字化升级。除此之外，5G+MEC 智慧商业数字孪生平台从商业资管的核心数据与场景，到资产租赁的业务流程，将空间数据进行深度结合，提供可视化的信息管理、方案规划、统计分析、浏览审批等交互功能，并开发一系列数据型业务工具，总体上实现大数据精准营销、客流分析、资产管理、招商管理、经营分析等多种功能。

线上预约车位协助车主快速停车，AR 寻车帮助车主反向寻车，通过人车信息绑定+大屏实景导航，帮助解决车主停车难、寻车难的问题，这是 5G+MEC 智慧商业数字孪生平台为商业领域带来的改变之一。

如今，相关平台项目已获得工业和信息化部第三届“绽放杯”5G 应用征集大赛总决赛一等奖、第三届“绽放杯”5G 应用征集大赛智慧商业专题赛入围项目等多个荣誉，为 500 余家商业综合体、商业街区和 10 万家零售商户提供数字化转型服务，并为各地信息消费节、北京数字经济体验周、上海“五五购物节”、南京国际消费节等打造线上线下数字消费场景。

在商业新赛道的较量中，数字化技术作为“制胜法宝”，正在重塑商业格局。天翼云 5G+MEC 智慧商业数字孪生平台在商业等领域实践与应用，持续赋能实体经济和社会生产生活，加快新型信息消费在商业领域的新业态新模式的培育。

二、5G 云 XR 数字营销案例

1. 案例一：中国电信 5G+MEC 数字营销助力购物节

中国电信 5G+MEC 智慧商业数字孪生平台项目整合了中国电信 5G 云网、大数据、虚拟现实、人工智能及数字孪生技术，赋能助力实体商业加速新型基础设施建设和数字化转型，帮扶商业企业培育扩大线上线下融合的信息消费模式，推动客流回暖，加速消费复苏。

2022 年，上海充分利用 5G 信息技术、科技企业资源优势，积极探索、尝试城市商业数字化转型，应用新技术，创造新消费，提升新体验，助力上海国际消费中心城市建设，举办“五五购物节”。结合 5G、AR、元宇宙等最新科技，电商平台也创新推出“元宇宙商场”。支付宝投入千万级资源，携手上海商户共同启动“金秋消费节”，并把红包码等数字化工具和直接的福利加入上海“点亮小店计划”，助力商家进一步降本增效。线下，大小商家均可张贴“红包码”，人们扫码得红包，即扫即用，商家也能获得等量收入；线上，超过 8 000 家商家、机构通过支付宝小程序派发福利，覆盖出行、餐饮、快消、零售等多个行业。人们可扫小程序码或上支付宝搜索商家小程序领优惠券，享受各种数字化服务。购物节期间，支付宝还宣布了升级搜索、红包码等自运营产品，并发布了商家流量“加油包”，帮商家获得更多公域流量曝光，提升转化效率。

已推出的 5G+VR 数字云 mall、云直播、5G+AR 数字景观、互动营销、停车导航、试装试戴、5G+智能巡检、智慧物管、智慧招商、5G+商业数智决策专家（大数据）等 5G 特色应用，为商业企业提供“网定制、边智能、云协同、应用随选”的一体化定制融合服务，助力商业综合体信息化、数字化转型升级。在平台部署实践和规模推广中，实体商业将数字孪生空间作为线上流量入口，商户进行线下流量变现。通过基于 5G XR 应用的数字化活动、5G 直播等数字化传播、大数据+人工智能数字化营销，平台打造了“商业运营方+电信运营商+零售商户+客户”的 B+B+B2C 商业新模式，形成了前后向一体化的变现流程，持续带来长效收益。

2021 年春节期间，中国电信联合全国 40 家 5G+MEC 智慧商业综合体，推出“5G 新春潮玩市集”活动。AR 新春红包雨、AR 元宵灯会、AR 探宝集福、AI 财神云拜年、“牛转钱坤”许愿签、新春贺岁视频彩铃、MR 电竞游戏等丰富多彩、形式多样的数字生活体验服务，助力春节信息消费升级，花式解锁“云过年”，让老百姓牛年春节过出“新年俗”“新年味”“新时尚”。

2. 案例二：5G 云 XR 赋能智慧商业数字化营销转型

《中华人民共和国国民经济和社会发展第十四个五年规划和 2035 年远景目标纲要》（以下简称“十四五”规划）提出“培育新型消费，发展信息消费、数字消费、绿色消费，鼓励定制、体验、智能、时尚消费等新模式新业态发展”要求，工业和信息化主管部门通过举办信息消费节，培育信息消费体验中心及信息消费产品，加快 5G 应用与信息消费融合发展，激发信息消费新引擎，中国电信以此为背景，以5G云XR赋能智慧商业数字化营销转型。

（1）5G云XR引领数字娱乐新潮流。在上述背景下，中国电信推出娱乐化、场景化、大空间、沉浸式综合智能信息服务产品——5G云XR娱乐空间。5G云XR娱乐空间融合线下娱乐中心、云XR快闪店、XR教育课堂三大场景，将VR娱乐科普、AR大空间数字景观、AR互动视频彩铃、中国电信5G千兆智慧家庭终端等内容整合在一起，提供了5G云XR沉浸式体验基地，打造了数字营销的巨型流量池，并通过微博、微信、抖音、小红书等广泛宣传，引领数字娱乐新潮流，助力购物中心加速客流回升，刺激消费。

（2）5G云XR赋能智慧商业数字化营销转型。作为中国电信推出的服务与体验创新实践案例，5G云XR娱乐空间拥有得天独厚的优势：中国电信借助5G+云的技术底蕴，成功打造了国内首个VR游戏云渲染商业方案；中国电信在全球范围内广泛的CP（内容提供商）及XR应用合作、运营经验，提供了海量的内容版权；强大的上下游整合能力，得以与行业顶尖合作方一同整合落地方案。与此同时，5G云XR娱乐空间的三大关键创新，也为商业综合体数字营销提供了强大推力。

1）新技术。采用自主研发基于5G的云渲染能力，打造国内首个VR游戏云渲染商用方案，让用户能够进行低门槛、高质量的5G云XR娱乐体验。

2）新模式。打造商业综合体多方共赢的商业模式，打通权益、优惠、积分、会员，经营数字营销流量池，使用户更有获得感。

3）新效益。利用项目广泛的人群覆盖，普及5G+XR技术和应用，提供新的教育科普形式，为信息消费和数字消费助力。

（3）5G云XR助力多方共赢。中国电信安徽公司率先于2020年11月14日在合肥万象城落地全国首家“5G云XR娱乐空间”，之后又进驻万象汇、港汇广场等多家商业综合体（以下简称商综），实现商综客户引流超百万人次，累计服务客户2万人次、直接带动数字娱乐收入上百万元，促进了5G时代商综消费体验业态的升级与转型。此外，5G云XR娱乐空间充分挖掘运营潜力，打造了一系列高口碑、高净值的线下数字营销活动。

1）打通商场线上运营及会员积分自助兑换，助力商场提升会员服务感知。

2）联合万象城开展“深蓝”主题沉浸式科技互动体验展，打造海洋主题“潮玩”打卡点吸引亲子群体。

3）开展“事件营销”。在2022年国际足球联合会世界杯预选赛期间组织“知识闯关赢国家队签名足球”活动。

4）与儿童娱乐等业态商户合作，互相引流。

5）结合电信5G套餐、消费金融服务，为大众提供便捷、优惠的信息消费产品与服务。

与此同时，中国电信已启动“商综元宇宙”相关项目，旨在依托中国电信的云网能力，构建商综上云、商户上云、客户上云、服务上云的“商综元宇宙”，打造多元开放的生态平台。中国电信5G云XR娱乐空间将升级蜕变为开放元宇宙的入口，加快推进5G融合应用，实现5G新商业，赋能新消费，为数字商业创造更多的可能。

三、5G云XR娱乐空间案例

1. 案例一：5G云XR娱乐空间赋能商业综合体

中国电信积极推动“门店裂变、运营聚变、销售智变”渠道“三变”创新，以客户为中心加快构建线上线下一体化、数字化、生态化的新型营销服务渠道体系，推出千家5G+MEC智慧商业综合体合作计划，率先发布5G+MEC智慧商业数字孪生平台，加速打造互联网营销新场景，赋能流量一站式转化。为商业综合体、商业街区、购物中心运营方、零售商户及客户打造线上线下深度融合的数字零售解决方案和综合运营管理平台。

中国电信与华润万象生活联袂打造的全国首家5G智慧商业2.0综合体落地合肥万象城。合肥万象城依托中国电信“天翼云图”平台，已实现AR实景导航、AR景观打卡、VR沉浸式游戏互动、元宇宙版“云上万象”VR逛店与二次元互动等全场景应用落地，同时在预约停车、智慧支付等智慧化停车服务方面进一步升级，为人们带来一种科技化、数字化的信息消费新体验。

（1）AR导航寻店，一键启动厘米级精准导航服务。中国电信基于5G数字孪生、点云图高精度自动定位识别技术，联合业界领先的线下空间数字化与智能化AI企业爱笔（北京）智能科技有限公司联合打造了5G高精度AR实景导航，在商场内的任意位置，通过点击“合肥万象城”微信公众号菜单栏，进入“AR导航寻店”，就可识别周围环境，实时定位，快速完成目标店铺厘米级精度定位路径规划及全程实景AR导航。在AR导航过程中，还可以领取各类无门槛抵用券、满减券、折扣券等优惠。

（2）AR大空间景观，顷刻感受超时空美景。进入商场内，下载中国电信“天翼云图”软件，将手机摄像头对准万象城的中庭上空，一个庞大的动物世界即刻呈现在眼前。虚拟的世界通过AR成像技术被接入商场中。人们置身于炫酷多彩的AR景观里，感受虚拟与现实的完美融合。

（3）AR互动游戏，实景游戏，体验抽奖。基于现实场景的AR互动游戏设备可以实现“打弹弓”“踢足球”等游戏。在商场XR娱乐空间用微信扫描二维码，就能快速体验，通关后还可以抽奖，获取丰富奖品。

（4）5G云XR娱乐空间，沉浸体验，感官风暴。“5G云XR娱乐空间”为人们提供沉浸式、高保真、文娱化潮玩互动体验，戴上VR眼镜，手握体感握把，置身于时空穿梭机、无人赛车、飞行影院等各类主题场景，让人们沉浸在科技的海洋中流连忘返。

（5）AR试妆试戴，一秒换妆，提升购物愉悦感。基于AI人脸识别+AR增强现实技术，为人们带来娱乐化、可视化、便捷性更强的购物体验。口红试妆、眼镜试戴等原本需要人们现场亲自试用的商品，现在用手机就能模拟体验，可以快速帮助人们找到合适的款式。

（6）VR云上万象，数字孪生开启商业元宇宙大门。基于数字孪生技术建立的万象城物理空间的数字化复制，使人们能通过VR眼镜、计算机、手机等多终端跨平台体验，随时随地与朋友一起“突破次元壁”，感受云上逛店，以虚拟形象与店员实时对话，与其他玩家一起看演唱会、打游戏等。

2. 案例二：5G云XR娱乐空间打造商业新消费

基于中国电信“三千兆”网络覆盖优势，依托中国电信自主研发的MEC平台及5G云边协同能力，中国电信上海公司携手正大集团联合打造的5G云XR娱乐空间，为人们提供极致的沉浸式、高保真、大规模混合现实应用体验平台。

正大广场5G云XR娱乐空间结合现场环境，设立了两大主题体验板块：VR娱乐体验区和AR互动体验区。同时，现场还部署了丰富的AR红包、AR探宝、AR景观等互动环节，吸引了不少人进行现场体验。以VR娱乐体验为例，现场配备了VR蛋椅，体验者可坐上蛋椅，戴上VR眼镜，体验城市、科幻及游乐三大主题。通过VR设备，体验者可以体验在热气球上俯览城市，也可以坐上矿车感受古墓惊魂，更可身临其境享受大摆锤带来的快感。另外，通过手机扫描二维码，即可轻松进入5G AR虚拟未来世界。在手机屏幕中可以看到虚实结合的炫酷的AR内容，可看到中国电信5G“未来大使”在空间中活泼跳动。不仅如此，现场还有一扇神奇的“任意门”，穿过它就能进入虚拟的未来太空世界，与5G“未来大使”一起踏上一场线上与线下、虚拟与现实、商业与艺术交融的奇幻之旅。

在上海浦东新区的联洋广场店、晶耀前滩店，以及闵行区的中庚漫游城店也能在现场感受到未来感十足的5G云XR娱乐空间。在晶耀前滩店，5G云XR娱乐空间的VR游戏城，无论是陆地上奔跑的小型霸王龙，还是天空中飞的翼龙都栩栩如生。在

5G 的支持下，游戏画面清晰不卡顿，也不会让人感到眩晕。使用 VR 虚拟枪对恐龙进行射击，无论是给子弹上膛还是使用榴弹，整个操作一气呵成。值得一提的是，除了《重返侏罗纪》之外，还有《末日封锁》《超能对决》《重返噩梦城》等科幻策略系列游戏。中国电信基于“三千兆”网络覆盖优势，为人们带来全新的沉浸式、娱乐化互动体验。5G 云 XR 娱乐空间依托中国电信 5G 云 XR 技术打造线上线下融合的娱乐消费新场景、新业态和新体验，树立新娱乐体验标杆，并聚合商业综合体、核心厅店及生态伙伴渠道、触点、流量优质资源，创新会员权益运营，推动全渠道数字化营销和流量一站式转化。

四、5G 云 XR 虚拟导购案例

1. 案例一：中国电信 5G+MEC 解锁“文旅”新玩法

（1）慢直播让人能足不出户，居家享受美好景致。2022 年五一国际劳动节小长假期间，呼和浩特市文化旅游广电局同中国电信呼和浩特分公司联合央视网开展景区云旅游慢直播活动，通过 5G+4K+VR 技术，在主流平台 24 小时全景同步播出，让人足不出户也能身临其境体验魅力呼和浩特的实时景观，给人们带来更加丰富的观景体验。自 2020 年初开始，中国电信引领的慢直播之潮风生水起，从云登顶 360°全景呈现珠峰 24 小时实时景观变化，到以高清直播方式助力网友观看 21 世纪以来我国境内最大、最接近日全食的“金边日环食”，再到在四川省阿坝藏族羌族自治州阿曲河畔，中国电信通过 5G+4K 慢直播拍摄及 8K 抓拍技术，完美呈现白尾海雕翱翔、捕食、嬉戏的画面，5G 慢直播以云游的方式解锁旅游新玩法，让众多好山好水从小众范围走向大众视野，从“独乐乐”走到“众乐乐”。

（2）“一机游”智慧服务平台，让人出游无烦劳。中国电信依托自身在信息化、数字化板块多年积累的优势与经验，推出“一机游”综合服务平台，面向游客提供旅游六要素“吃、住、行、游、购、娱”的一体化服务，聚合了智能导览、门票预订、酒店预订、行程确定、智能问答、特产商城等多项涉旅便民服务。“一机游”智慧服务平台深耕旅游目的地，围绕信息化管理、智慧服务和数字营销等服务领域，开展了关于“旅游+互联网+管理”的智慧旅游发展、公共服务提升、旅游转型升级实践。深度运营与推广将游客需求、商家服务与政府监管有效连接起来，激活目的地旅游增量市场，推动旅游目的地不断深入发展全域旅游。

（3）5G+MEC 的智慧应用，让景区管理便捷高效。在云南丽江，人们利用 5G 即时遥感传输技术守护古城，无人机在古城上空自动巡航，既能采集城内实时产生的各类数据，也能对人流、消防等安全预警和指挥调度工作提供充分的数据支撑，这是中国电信与中华人民共和国文化和旅游部（以下简称文化和旅游部）信息中心利用视频AI分析算法技术，共同研发的监测管理应用平台中的一个功能。平台应用AI人工智能算法分析和视频融合技术，实现了景区管理视频监控信息由“看得见”向“看得懂”转变，打造了景区监测预警标签体系，提升了景区安全监控和应急预警能力，打造了旅游大数据平台。该平台依托文化和旅游部标准构建的客流识别及算法分析模型，为客户提供客情分析、景区客流监测、行业分析等大数据服务，并已对接全国多个文化和旅游主管部门的管理监测平台，陆续接入全国100家5A级旅游景区。另外，中国移动5G技术也正在加强旅游管理方面的功能。中国联通以“5G+AI移动执法系统”帮助泰山景区开展实时门票核验和游客违规纠察。5G+MEC等技术融入旅游景区管理系统，管理效率便可以大幅提高。

2. 案例二：中国联通5G+MEC打造智慧导游导购

四川成都宽窄巷子打造“5GXR全景宽窄”店铺全景体验，日均访问人数超万人，街区客流增幅33%，并被评为中华人民共和国商务部全国示范步行街，这是中国联通利用5G、大数据、云计算、VR等新技术新应用为智慧旅游的发展提供的有力支撑。通过5G+VR/AR的技术协同，人们可以实现随时随地、身临其境地出游，欣赏各地美景。

（1）在管理创新方面。运营商5G新基建与物联网结合，能够实时监测景区内的人流量、安全状态；运营商5G新基建与大数据相结合，能够为游客提供智能化路线定制和个性化出游建议。中国联通自2018年底发布全国首个5G智慧文旅系列应用以来，陆续与河南红旗渠、山东泰山、首都博物馆、中国国家话剧院等成立联合实验室和示范基地，在众多旅游景区、城市公园、消费街区等场所落地，使5G走进了中国百姓的生活。

（2）在贸易方面。打造海南自贸港酒店免税商品沉浸式购物新体验，为“中免商城”降低近15%的运营成本，使酒店客房价格上涨近50%。推动了文旅产业的数字化、融合化、高端化发展。

（3）在提升游客服务方面。中国联通在西宁园博园、河南龙门石窟等多个景区以车路协同技术部署5G无人驾驶摆渡车，打造景区获客新亮点。

（4）在满足文化消费的新需求方面。中国联通以5G高清直播为百余个景区开展慢直播和互动直播，以5G+4K多视角直播为国家大剧院、广州大剧院等带来线上演播新模式；在生动传播红色文化方面，中国联通以5G+AR内容云为中国工农红军强渡大渡河纪念馆实现历史场景在遗址现场的多维展示。

第 4 章
智慧物流服务

第 1 节　智慧物流服务概述

一、智慧物流的概念

智慧物流是利用集成智能化技术，使物流系统能模仿人的智能，具有思维、感知、学习、推理判断和自行解决物流中某些问题的能力，即在流通过程中获取信息从而分析信息做出决策，使商品从源头开始被实施跟踪与管理，实现信息流快于实物流。可通过 RFID（射频识别）、传感器、移动通信技术等让配送货物自动化、信息化和网络化。

二、智慧物流技术

1. 智慧物流技术架构与技术体系

智慧物流是基于物联网技术在物流业应用、在信息网络与物流实体网络融合的基础上提出来的，智慧物流的技术由感知层、网络层、应用层三层架构组成。

感知层是虚实世界连接的接口层，是互联网与物流实体网络链接的接口，是智慧物流网络连接的起点。就像人的耳、鼻、眼一样，智慧物流系统借助于各类物联网感知技术感知信息，让实体的物流世界与虚体的物流大脑融为一体。

网络层是智慧物流的决策中心与神经网络，是数据传输与处理层，是物流网络的信息传输体系。网络层连接物流大脑，通过大数据、云计算、人工智能等技术进行信息处理与科学决策。

应用层也是执行层，在实际场景中，所有执行智慧物流系统决策的系统都属于执行层，既包括单体智能设备，也包括物流设备系统，甚至人工操作。如果该操作的执行是由智慧物流体系决定的，那么该操作就是一个执行机构，属于执行层。智慧物流执行层最主要的设备是自动化的物流技术设备，它自动执行物流大脑的决策与判断。

根据智慧物流技术架构，可以构建智慧物流的技术体系如下。

（1）感知层技术。感知层技术是智慧物流的核心技术，是智慧物流底层的技术，也是实现物品自动感知与联网的基础，其所包括的技术比较多，如图 4-1 所示。

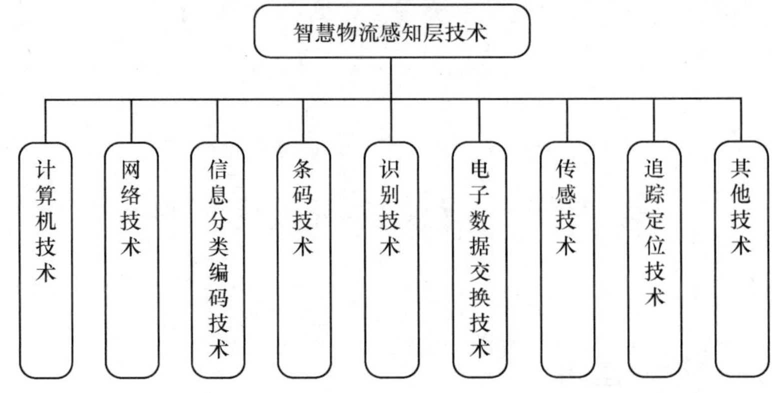

图 4-1　智慧物流感知层技术

感知层技术中的几个关键技术如下。

1）信息分类编码技术。信息分类编码技术是物流信息化的前提，是其他物流信息技术应用的基础。

信息分类编码技术可对物流活动中需要进行信息采集、存储、交换和共享的物流对象进行编码。

目前中国编码体系较多，在国家商贸物流标准化试点示范中要求采用 GS1（国际物品编码组织）系统，物联网中广泛使用的 EPC（电子产品代码）也属于 GS1 体系。编码形式主要有条形码、二维码等。

2）识别技术。识别技术包括条码识别技术、RFID 技术，也包括各类光电扫描设备与产品、RFID 识别装置等。RFID 技术是一种非接触式的自动识别技术，它通过射频信号自动识别目标对象并获取相关数据，识别工作无须人工干预，可在各种恶劣环境下使用。RFID 技术适用于物料跟踪、运载工具和货架识别等要求非接触数据采集和交换的场合。

3）传感技术。WSN（无线传感器网络）是由大量传感器节点通过无线通信方式形成的一个多跳自组织网络系统，它能够实现数据的采集量化、处理融合和传输。它综合了微电子技术、嵌入式计算技术、现代网络及无线通信技术、分布式信息处理技术等先进技术，能够协同地实时监测、感知和采集网络覆盖区域中各种环境或监测对象的信息，并对其进行处理，处理后的信息通过无线方式发送，并以多跳自组织的网络方式传送给监控者。具体来讲，WSN 兼具感测、运算与网络能力，通过传感器侦测周遭环境，如温度、湿度、光照、气体浓度、振动幅度等，并由无线网络将搜集到的信息传送给监控者，监控者解读报表信息后，便可掌握现场状况，进而维护、调整相关系统。

4）追踪定位技术。主要包括 GPS 导航技术、北斗卫星导航技术、各类室内导航与定位技术、视觉导航与定位技术、地理信息系统技术、导航地图技术等。

5）其他技术。包括红外、激光、NFC（近场通信技术）、M2M（数据算法模型）、机器视觉等各类技术。

（2）网络层技术。在感知层通过 RFID、二维码、GPS、WSN 等技术采集到的信息传输到网络层，这些数据会经无线移动通信网络、光纤网络或电信运营商网络传输到数据层进行数据融合与分析。网络层主要利用无线通信网络、光纤通信网络和互联网等手段与技术完成与海关、口岸、物流企业、物流公共信息平台的通信。用户可以通过互联网访问各地物流通信网的部分功能，查询相关信息。

网络层是智慧物流的智慧中心，主要由网络传输技术、数据处理技术、智能决策技术组成。

1）网络传输技术。该技术包括现场总线技术、无线局域网技术、以太网技术智能物联网技术、互联网技术、M2M 技术、CPS（信息物理系统）技术等。

2）数据处理技术。该技术包括大数据存储技术、大数据处理技术、云计算技术、数据可视化技术等。

3）智能决策技术。该技术包括人工智能技术、仿真模拟技术、物流软件技术等。

（3）应用层技术

1）物流单元化技术与设备。包括托盘（箱、笼）、物流周转箱、集装箱、集装袋等。

2）自动化分拣技术与设备。包括机器人分拣、自动输送分拣、语音拣选、电子标签拣选、货到人拣选等。其中自动输送分拣技术种类众多，有交叉带分拣机、滑块分拣机、摆臂分拣机、模组带分拣系统、万向摆轮分拣机、麦克纳姆轮分拣机、翻盘分拣机等。分拣系统结构形式也多种多样，有直线式、环绕式、矩阵式、多层结构式等。

3）智能搬运技术与设备。利用自主控制技术，可进行智能搬运及自主导航，使整个物流作业系统具有高度的柔性和扩展性。智能搬运技术与设备包括搬运机器人、AGV（智能搬运机器人）、无人叉车、自动输送带、伸缩机、码垛机器人等。

4）自动存储技术与设备。利用货架系统、控制系统、自动分拣系统、自动传输系统等技术装备集成的自动存储系统，可实现货物自动存取、拣选、搬运、分拣等环节的机械化与自动化。

5）智能货运设备技术与设备。包括货运车联网、智能卡车系统、无人机系统、配送机器人系统。

2. RFID 技术

RFID 技术是一种基于电磁理论的通信技术，用于信息的自动采集。射频识别技术适用于物料跟踪、运载工具和货架识别等要求非接触数据采集和交换的场合。

（1）基于 RFID 技术的供应链优势

1）实时可视化管理。在供应链全过程中使用 RFID 技术，从商品的生产完成到零售商再到最终用户，商品在整个供应链上的分布情况以及商品本身的信息，都可以实时、准确地反映在企业的信息系统中，大大增强了企业供应链的可视性，使企业的整个供应链和物流管理过程变得透明。

2）快速有效的市场反应。快速、实时、准确的信息使企业乃至整个供应链能够在最短的时间内对复杂多变的市场做出快速的反应，提高供应链对市场变化的适应能力。

（2）RFID 技术在物流领域的作用。从采购、存储、生产制造、包装、装卸、运输、流通加工、配送、销售到服务，供应链上的业务环节和流程环环相扣。在供应链运作时，企业必须实时、精确地掌握整个供应链上的商流、物流、信息流和资金流的流向和变化，使这四种流与各个环节、各个流程协调一致、相互配合，才能发挥其最大经济效益和社会效益。然而，由于物体在实际移动过程中的各个环节都处于运动和松散的状态，信息和方向常常随实际活动在空间和时间上发生变化，影响了信息的可获性和共享性。而 RFID 技术正是有效解决供应链上各项业务运作数据的输入和输出、业务过程的控制与跟踪，以及减少出错率等的一种新技术。

由于 RFID 技术的标签具有可读写功能，其在需要频繁改变数据内容的场合尤为适用，可实现数据采集和系统指令的传达，广泛用于供应链上的仓库管理、运输管理、生产管理、物料跟踪、运载工具和货架识别、商店（特别是超市）中商品防盗等场合。

（3）RFID 技术在物流领域的应用效果。目前，在 RFID 技术的应用领域中，仓储物流及物流追踪等占 14%左右。RFID 技术的使用大大提升了物流企业的效率和竞争力，同时降低了生产成本。实践表明，采用 RFID 技术平均能够使销售额提升 10%，拣货送货速度提升 10%，如图 4-2 所示。

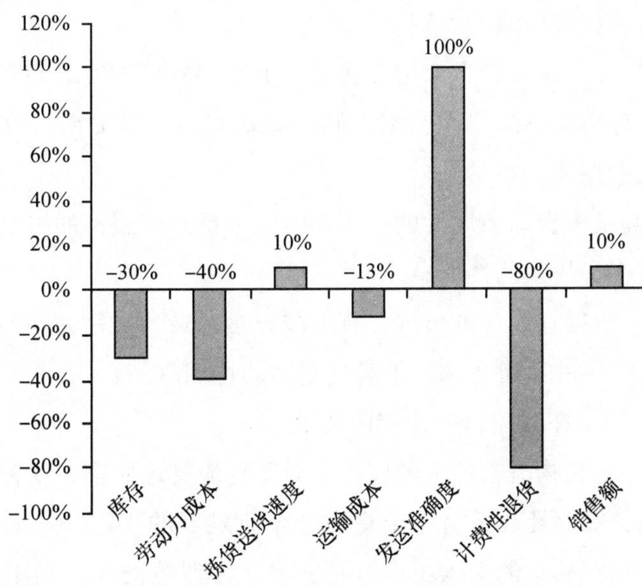

图 4-2 RFID 技术给物流领域带来的效益变化

RFID 技术为货物的跟踪、管理及监控提供了快捷、准确、自动化的手段。以 RFID 技术为核心的集装箱自动识别系统已成为全球范围最大的货物跟踪管理应用系统。RFID 技术目前在国内外仓储、配送等物流环节已有许多成功的应用。

3. 数据挖掘技术

（1）数据挖掘的含义。数据仓库出现在 20 世纪 80 年代中期，是一个面向主题的、集成的、非易失的、时变的数据集合。数据仓库的目标是把来源不同的、结构相异的数据经加工后在数据仓库中存储、提取和维护，它支持全面的、大量的复杂数据的分析处理和高层次的决策支持。数据仓库使用户拥有任意提取数据的自由，而不干扰业务数据仓库的正常运行。数据仓库是数据挖掘的基础。

数据挖掘指借助数据筛选以及信息分析的手段来完成全方位的数据分析处理，在此前提下给出可用性、有效性与易懂性的数据模式或者数据关系。与此同时，数据挖掘手段针对随机与模糊的不完全数据能够做到有效的深入挖掘，确保在数据仓库现有的海量信息中搜寻相关的可用信息，并且将其归纳为特定的关系模式。

（2）数据挖掘的任务。数据挖掘一般有以下几类任务。

1）分类。分类是通过分析样本数据仓库中的数据，为每个类别做出准确的描述，或挖掘分类规则，然后用这个分类规则对其他记录进行分类。

2）聚类。聚类是把一组个体按照相似性归成若干类别，即“物以类聚”。聚类将没有分类的记录，在不知道应分成几类的情况下，按照数据内在的差异性合理地划分成几类，并确定每个记录所属的类别。

3）关联。关联关系是数据仓库中存在的一类重要的可被发现的知识。若两个或多个变量的取值之间存在某种规律性，则它们之间就存在关联关系。数据关联的目的是找出数据库中隐藏的关联关系。

4）预测。预测是根据对象属性的过去观察值来预测该属性的未来值。数据挖掘自动在大型数据仓库中寻找预测性信息。

5）偏差检测。数据仓库中的数据常有一些异常记录，被称为偏差。偏差包括很多潜在的知识，如分类中的反常实例、不满足规则的特例等。

（3）数据挖掘技术在物流行业的应用场景

1）数据挖掘技术在物流管理中的应用。对于物流管理而言，妥善处理每个环节产生的大量数据信息，能够让决策者做出更适合企业发展的决定，掌握更加科学的解决问题的方法。数据挖掘技术的引入，可以通过建立大型数据库，利用数据挖掘技术及时、准确地分析各种信息，并从中获取新颖且有效的信息，再通过可理解的模型进行深层次处理，进而为客户提供个性化产品和服务，提高客户满意度。

2）数据挖掘技术在物流仓储中的应用。物流仓储涉及入库、出库、盘点、库存控制等多个环节，而这些环节都将产生大量数据，这些数据看似是仓储管理的负担，但也蕴藏着对优化库存管理极为有价值的信息。利用数据挖掘技术对有价值的信息进行处理，可解决库存管理中存在的问题。

3）数据挖掘技术在运输配送中的应用。物流运输配送管理包括运输配送计划编制、运输配送路径选择、车辆选择、混搭配载等问题，利用数据挖掘技术从运输配送大数据中提取潜在而有价值的信息，可指导运输配送各个方面的优化。

4）数据挖掘技术在信息共享中的应用。物流信息管理系统的建立在物流企业管理中发挥了巨大的作用，但因建设需求、建设时间及管理体制的不同，各物流企业间形成了自成体系、各自独立的信息孤岛，导致信息资源的巨大浪费。数据挖掘技术的引入能够促进建立完善的信息共享机制，进而提高物流企业信息共享程度。

4. 地理信息系统技术

地理信息系统（geographic information system，GIS）是一种特定的十分重要的空间信息系统。它是在计算机软硬件的支持下，对整个或部分地球表层（包括大气层）空间中的有关地理分布数据进行采集、储存、管理、运算、分析、显示和描述的技术系统。地理信息系统处理、管理的对象是多种地理空间实体数据及其关系，包括空间定位数据、图形数据、遥感图像数据、属性数据等，用于分析和处理在一定地理区域内分布的各种现象和过程，解决复杂的规划、决策和管理问题。

地理信息系统技术是打造智慧物流的关键技术与工具，使用地理信息系统技术可以构建一张物流图，将订单信息、网点信息、送货信息、车辆信息、客户信息等数据都在一张图中进行管理，实现快速智能分单、网点合理布局、送货路线合理规划、包裹监控与管理。

（1）地理信息系统技术的主要功能。一个功能齐全的地理信息系统涵盖的功能十分广泛，结合物流行业的实际需求，以下介绍一些常用的地理信息系统技术的功能。

1）地图制图与可视化。这是地理信息系统技术的基本功能，即按照用户的需求根据地图数据的属性，采用一定的地图符号，在地图上展现现实世界中存在的各种地物。例如，以绿地、水系、居民区、道路、人工设施等数据作为基本信息，上面叠加物流行业的专题数据（如区域仓储中心、取货点、卸货点等），就形成了一张物流行业专用的电子地图。

2）查询功能。包括图属互查功能和空间查询功能。

图属互查功能是一个常用的功能，包括图查属性和属性查图两个方向的互相查询功能。图查属性，即通过对图形的操作，如鼠标移动、悬停、点击或者选择操作，查询到其对应的属性信息。属性查图，即按照属性查询要素的空间位置。

空间查询功能能够分析系统中点、线、面等基本图形间的关系，如查询物流中心周围一千米范围内所有配送点的情况，查询与某个配送中心相连的道路情况，查询某个需求点区域与其周边的地理分布情况等。

3）叠加分析。叠加分析是地理信息系统技术中的一项非常重要的空间分析功能，是指在统一空间参考系统下，通过对两个数据进行的一系列集合运算，产生新数据的过程。叠加分析的目的是分析在空间位置上有一定关联的空间对象的空间特征和专属属性之间的相互关系。这种多层数据的叠加分析，不仅产生了新的空间关系，还产生了新的属性特征关系，能够发现多层数据间的相互差异、联系和变化等特征。例如，可以叠加人口密度大于5 000人/平方千米的区域和距离主干道3千米范围内的区域，这就可以初步甄选出适合作为区域物流中心门店的地理位置。

4）缓冲区分析。缓冲区分析是对一组或一类地物按缓冲的距离条件，建立缓冲多边形，然后将这个图层与需要进行缓冲分析的图层进行叠加分析，得到需要的结果。设计或分析某条配送路线或者配送中心选址等空间布局问题时，要分析配送中心周边范围内的需求点、道路等数据情况，可根据数据库中的点、线、面实体建立周围一定宽度范围的缓冲多边形。

5）网络分析。网络分析是进行物流设施选址时最重要的功能，用于分析物流网络中各结点的相互关系和内在联系，主要有路径分析、资源分配、连通分析、流分析等。路径分析可以寻求一个结点到另一个结点的最佳路径；资源分配包括目标选址和为供货中心寻找需求市场或按需求找资源点；连通分析用于解决配送路径安排相关的问题，降低配送成本；流分析是按照某种优化标准（时间最少、费用最低、路程最短或运送量最大等）设计资源的运送方案。

（2）地理信息系统技术基于地图的服务内容

1）网点标注。将物流企业的网点及网点信息（如地址、电话、提送货等信息）标注到地图上，便于用户和企业管理者快速查询。

2）片区划分。从“地理空间”的角度管理大数据，为物流业务系统提供业务区划管理基础服务，如划分物流分单责任区等，并与网点进行关联。

3）快速分单。使用地理信息系统地址匹配技术，搜索定位区划单元，将地址快速分派到区域及网点，并根据该物流区划单元的属性找到责任人以实现“最后一千米”配送。

4）车辆监控管理系统。从货物出库到送达客户手中全程监控，减少货物丢失；合理调度车辆，提高车辆利用率；进行各种报警设置，保证货物、司机、车辆安全，节省企业资源。

5）物流配送路线规划辅助系统用于辅助物流配送规划。合理规划路线，保证货物快速到达，节省企业资源，提高客户满意度。

6）数据统计与服务。将物流企业的数据信息在地图上进行可视化直观显示，通过科学的业务模型、地理信息系统专业算法和空间挖掘分析，洞察通过其他方式无法了解的趋势和内在关系，从而为企业的各种商业行为，如制定市场营销策略、规划物流路线、合理选址分析、分析预测发展趋势等构建良好的基础，使商业决策系统更加智能和精准，从而帮助物流企业获取更大的市场契机。

（3）地理信息系统技术在物流行业的主要应用场景。地理信息系统技术在物流行业的主要应用包括物流中心选址、最佳配送路线设计、车辆跟踪和导航、配送区域划分。

1）物流中心选址。物流中心选址是物流系统中具有战略意义的投资决策问题，对整个系统的物流合理化和商品流通的社会效益有着决定性的影响。由于商品资源分布、需求状况、运输条件和自然条件等因素的影响，即使在同一区域内的不同地方建立物流中心，对整个物流系统和全社会经济效益的影响也是不同的。

利用地理信息系统的空间查询功能，以及叠加分析、缓冲区分析、网络分析等功能，可以方便地确定哪些地理位置适合筹建物流中心，哪些位置的物流成本较低，哪些位置的运营成本比较低，在考虑了种种因素之后就可以确定最佳的物流中心位置。利用地理信息系统技术的可视化功能可以显示出包含区域地理要素的整个物流网络（如现存物流节点、道路、客户等要素），规划者能够直观、方便地确定位置或线路，从而形成选址方案和备选方案。

2）最佳配送路线设计。可以设置车辆型号及载货量限制、车速限制、订单时间限制，融合多旅行商分析与导航规划，精选出最优配送路线。还可以跟进需求将目的地一次性批量导入地理信息系统中，根据订单地址精确生成地图点位，进而生成最佳配送路径，提高配送效率，节约配送成本。

3）车辆跟踪和导航。地理信息系统能接收 GPS 传来的数据，并将它们显示在电子地图上，帮助企业动态地进行物流管理。企业可以实时监控运输车辆，实现对车辆的定位、跟踪与优化调度，以达到配送成本最低，并在规定时间内将货物送到目的地，大幅减少迟送或者错送的现象。根据电子商务网站的订单信息、供货点信息和调度等信息，货主可以对货物随时进行全过程的跟踪与定位管理，掌握运输中货物的动态信息，可以增强供应链的透明度和控制能力，提高客户满意度。

4）配送区域划分。企业可以参照地理区域，根据各个要素的相似点把同一层上的所有或部分要素分为几个组，用以解决确定服务和销售市场范围等问题。如某一企业要设立若干个分销点，要求这些分销点覆盖某一地区，而且要使每个分销点的客户数目大致相等。

5. 北斗卫星导航技术

（1）系统简介。北斗卫星导航系统（以下简称北斗系统）是中国着眼于国家安全和经济社会发展需要，自主建设、独立运行的卫星导航系统，是为全球用户提供全天候、全天时、高精度的定位、导航和授时服务的国家重要空间基础设施。随着北斗系统建设和服务能力的发展，相关产品已广泛应用于交通运输、海洋渔业、水文监测、气象预报、测绘地理信息、森林防火、通信时统、电力调度、救灾减灾、应急搜救等领域，逐步渗透到人类社会生产和人们生活的方方面面，为全球经济和社会发展注入新的活力。

（2）基本组成。北斗系统由空间段、地面段和用户段三部分组成。

（3）北斗系统的优势。北斗系统是中国自行研制的全球卫星导航系统，也是继 GPS、GLONASS（global navigation satellite system，俄罗斯全球导航卫星系统）之后的第三个成熟的卫星导航系统。北斗系统与 GPS、GLONASS 的比较见表 4-1。

表 4-1　北斗系统与 GPS、GLONASS 的比较

名称	北斗系统	GPS	GLONASS
建成时间	2020 年	1994 年	1996 年
首次发射时间	2000 年	1978 年	1982 年
卫星数量	35 个	24 个	24 个
卫星寿命	5~10 年	10~15 年	3~7 年
服务对象	军民两用	军民两用	军民两用
主要功能	定位、导航、授时、短报文通信、国际搜救	定位、测量、授时	定位、导航、测量、授时
抗干扰性	强	弱	强
优势	短报文通信	民用市场占有率高	北极附近定位性能强
定位精度	军用 1 米，民用 10 米	军用 1 米，民用 5 米	民用 10 米

与其他卫星导航系统相比，北斗系统具有以下优势。

1）北斗系统采用高、中、低三种轨道卫星组成混合星座，与其他卫星导航系统相比高轨卫星更多，抗遮挡能力强，尤其在低纬度地区，服务优势更为明显。

2）北斗系统提供多个频点的导航信号，能够通过多频信号组合使用等方式提高服务精度。

3）北斗系统创新融合了导航与通信能力，具备基本导航、短报文通信、星基增强、国际搜救、精密单点定位等多种服务能力。

（4）北斗系统的功能。北斗系统具有实时导航、快速定位、精确授时、位置报告和短报文通信五大功能。

1）实时导航。结合交通、测绘、地震、气象、国土等行业监测站网资源，提供实时米级、分米级、厘米级等增强定位精度服务，生成高精度的实时轨道、钟差、电离层等信息，以满足实时用户应用。

2）快速定位。北斗系统的性能达到国际同类系统水平，其中瞬态和快速定位指标居国际领先地位，可为服务区域内的用户提供全天候、高精度、快速实时定位服务。

3）精确授时。北斗系统时钟通过星载高精度的铷原子钟和氢原子钟与世界协调时（universal time coordinated，UTC）同步，地面用户北斗接收机接收到来自卫星的时钟信号后，即可完成高精度的时间传递。

4）位置报告。北斗全球位置报告是用户将卫星无线电导航业务定位结果，通过北

斗组网星座中全球连续覆盖的入站链路发送至地面控制中心，实现位置报告功能。

5）短报文通信。短报文通信是北斗系统的核心优势。它通过空间卫星将信号传输到接收机（如船舶接收机）上，既可以避免传输距离近的弊端，又可以提高通信质量。

（5）物流运输行业应用北斗 GPS 定位器的优势

1）保证运输时效。管理人员可通过北斗 GPS 定位器来实时监控运输车辆，随时查看车辆的位置、速度等信息。如果运输车辆在途中遇到堵车等情况，管理人员可重新规划最优路线，从而保证货物能够按时送达。

2）保障运输安全。除了实时定位运输车辆以外，物流北斗 GPS 定位器还具有异常震动报警功能，可以提醒管理人员及时处理，防止货物被盗。管理人员还可以通过系统设置一个速度值，当运输车辆的行驶速度超过设定值时，系统就会立即发送超速报警信息，管理人员可提醒司机注意行驶安全，保证安全运输。

3）提升运输品质。如在冷链运输企业中，通过北斗 GPS 定位器，再配合温湿度传感器，对影响冷链货品品质最主要的因素——温度进行实时全程数据采集，并定位温度异常的时间和地点，实时、全程监管冷链运输。

随着信息技术和供应链管理不断发展并在物流业得到广泛运用，人们得以通过物联网、云计算、5G 等现代信息技术，实现货物运输过程的自动化运作和高效化管理，提高物流行业的服务水平，降低成本，减少自然资源和市场资源的消耗，实现终极目标——智慧物流。

6. 无人机配送技术

无人机配送指快递企业使用无人飞行器将小型包裹送到客户手中。为解决偏远地区“最后一千米”投递难度大的问题，一部分快递企业已经进行了无人机投递试验。无人机内置导航系统，工作人员预先设置目的地和路线，无人机自动将包裹送达目的地，误差能够控制在 2 米以内。根据企业反馈，采用无人机进行偏远地区的投递工作，单个包裹的平均投递成本远低于企业现在所付出的交通和人力成本。

仓储和运输成本的压力是推动无人机更多地应用到物流配送领域的原因之一。无人机具有不受地面交通影响、直线距离配送更快等优势，一旦广泛运用，最有可能先解决“最后一千米”配送的问题，同时也将加速整合快递行业末端配送的板块布局。

（1）无人机配送的原理。无人机配送如图 4-3 所示，其利用无线电遥控设备和自备的程序控制装置操控的无人驾驶的低空飞行器运载包裹，可以自动将包裹送达目的地。无人机对自己所在的具体位置和具体配送情况可以实时进行掌握控制，并及时将信息传输到调配站，调配站将配送指令发送到无人机，无人机收到指令后开始启动进行快递配送。

图 4-3 无人机配送

配送系统划分若干个区域，每个区域相互独立运作。快递收发模式分为两种，一是区域内快递收发，二是区域间快递收发。

发货人有快递需要发货时，要先将快递打包，再将包裹放到区域快递柜中，快递柜在收到客户的包裹后会及时向调配系统发送一个收取包裹的信息，调度系统调度合适的无人机，并给无人机发送任务指令，无人机接收到指令后就会飞到目的地，着陆并自动将包裹装载，进行配送。无人机将包裹送达目的快递柜后，快递柜会向收件人发送领件短信。包裹在发往到其他地区时，调配系统在接收到信息后会将信息传送给无人机，无人机将包裹送到邻近区域的包裹收取站点，由站点按照不同收货地点进行分拣，再通过空运送往收货站点。发货人和收件人可在手机终端上实时查询无人机配送的运输进度。

无人机配送的安全问题受到极大的关注。无人机在距离地面 100 米左右的空中飞行，飞行速度、飞行时间和飞行载重很容易受到天气变化的影响，在恶劣的天气环境下无人机的配送效率和配送的安全性会大大降低。现阶段仍然需要进行大量实验，进一步完善无人机配送的安全机制，逐步改善无人机的架构和载重能力。最终做到使无人机在面对恶劣的天气时，仍能够快速运输，安全、平稳地飞行。

（2）无人机的关键技术

1）导航系统技术。卫星导航信号接收系统有助于无人机自动或人工手动设置起飞与降落点，准确地起飞与降落，负载时安全平稳。

2）智能避障技术。借助光流传感器和超声波传感器，无人机能实现立体空间多传感器避障、视觉避障，在飞行时感知前方、下方障碍物，采取主动避让措施。

3）无人机调度系统。作为以订单信息处理为核心、以物流无人机实时状态为基础的系统，调度系统根据物流订单的目的地自动生成飞行路线，无人机根据此飞行路线执行订单任务。

（3）无人机配送的优势

1）提高城市配送速度和效率。在客户对配送时效不断提出新要求的今天，“当日达”“次日达”“限时达”已经不能完全满足客户的需要，“两小时达”“即刻达”逐渐成为客户的新诉求。

无人机配送可以实现同城物流的加急业务，其避免了堵车、等红灯、快递员找地址等难题。而且，无人机在空中配送，可以走直线，效率比在地面配送的快递员高出好几倍，甚至可以实现“闪电达”。

2）解决“最后一千米”的配送难题，降低配送成本。在我国，由于农村网购客户居住分散，道路不畅，交通不便，配送量少，因而配送路线长、耗时长、成本高。即使是在大城市，由于交通拥堵、小区安全控制、客户不在家等多种原因，货物在从物流中心到客户手里的“最后一千米”路程中产生的成本和运送复杂性非常高。

无人机具有部署便捷、成本低、机动性强、对任务环境要求低等优点，用无人机来替代传统配送方式进行快递配送，能更好地解决“最后一千米”的配送难题。

3）灵活应对各种复杂情况。随着城市汽车数量的不断增长，地面配送受到拥堵等因素带来的不确定性逐渐增加。

无人机可以通过接管小型包裹运输市场来降低路面运输的数量，从而提高城市物流运送效率。

在面对大范围社会公共卫生事件时，无人机配送更能发挥其灵活、便捷、无接触配送等特点，为人们提供安心的物流服务。

三、人工智能与智慧物流的融合

人工智能是一门通过普通计算机程序来呈现模仿人类行为、语言或者思维的学科，最终目的是使机器实现人工智能化从而大大提升人的工作效率。人工智能技术的建立、发展与计算机技术等多个学科有着非常重要的联系，是多种关键技术的融合，这些关键技术使人工智能具有许多显著优势并被广泛应用到新一代智慧物流行业中。

1. 人工智能在物流中的应用方向

（1）以人工智能技术为基础的无人卡车、自主移动机器人、无人配送车、无人机、客服机器人等智能设备将代替部分人工。

（2）通过计算机视觉、机器学习、运筹优化等技术或算法驱动的如车队管理系统、仓储现场管理、设备调度系统、订单分配系统等软件系统将提高人工效率。

2. 基于人工智能的智慧物流体系

人工智能是一种前沿的交叉技术，主要目的是模拟人类思维生产出一些智能化的系统，像人类一样在社会中发挥相应的职能作用。近年来，人工智能迅猛发展，主要动力来源于信息技术和智能设备。信息技术主要是计算机技术和通信技术，如高等复杂的运算系统、能够处理巨量数据的云计算平台和各种高效的通信网络系统。智能设备主要是嵌入式设备以及其他芯片和边缘计算机节点等。随着大数据、云计算等技术日趋成熟，人工智能技术将主要以 AI+某一具体行业或产业的形式呈现，物流就是其中重要的产业之一。下一代物流体系的一个主要特性将会是 AI+物流。

人工智能是物流降本增效的良药，物流是人工智能展示能力的舞台。物流业的核心痛点决定了其最迫切的需求是降本增效，物流企业的自动化、信息化转型升级都是为实现降本增效目的而做出的努力。人工智能技术产品的加入能够进一步推动物流业向“智慧物流”发展，更大限度地降低人工成本，提升经营效率。对人工智能行业而言，随着技术的不断迭代，人工智能不再是高悬于天上的空中楼阁，“商业落地”已成为人工智能企业发展到当前阶段鲜明的主题词。从落地难度及发展前景来看，业务流程清晰，应用场景独立，市场空间巨大的物流业无疑是人工智能落地的绝佳选择。

作为新一轮产业变革的核心驱动力，人工智能将进一步释放历次科技革命和产业变革积蓄的巨大能量，并创造新的强大引擎，重构生产、分配、交换、消费等经济活动各环节，形成从宏观到微观各领域的智能化新需求，催生新技术、新产品、新产业、新业态、新模式，引发经济结构重大变革，从而改变人类生产生活方式。

而物流这一融合了运输业、仓储业、货代业和信息业的复合型服务产业，作为国民经济的重要组成部分，必将受到人工智能技术的深刻影响。同时，物流业的人工智能应用也将反过来对人工智能技术的发展提供成长的土壤。

四、智慧物流服务的作用

1. 降低物流成本，增加企业利润

智慧物流能大大降低制造业、物流业等各行业的成本，实打实地提高企业的利润，生产商、批发商、零售商三方通过智慧物流相互协作，信息共享，物流企业便能节省成本。智能物流的关键技术如物体标识及标识追踪、无线定位等新型信息技术的应用，能够有效实现物流的智能调度管理，整合物流核心业务流程，加强物流管理的合理化，降低物流消耗，从而降低物流成本，减少流通费用，增加利润。

2. 加速物流业的发展，成为物流业的信息技术支撑

智慧物流的建设将加速当地物流产业的发展，集仓储、运输、配送、信息服务等多功能于一体，打破行业限制，协调部门利益，实现集约化高效经营，优化社会物流资源配置。同时，将物流企业整合在一起，将过去分散于多处的物流资源进行集中，发挥整体优势和规模优势，实现传统物流企业的现代化、专业化，以及物流资源的互补性。此外，这些企业还可以共享基础设施、配套服务和信息，降低运营成本和费用支出，获得规模效益。

3. 为企业生产、采购和销售系统的智能融合打基础

随着 RFID 技术与传感器网络的普及，物与物的互联互通将为企业的物流系统、生产系统、采购系统与销售系统的智能融合打下基础，而网络的融合必将产生智慧生产与智慧供应链的融合，企业物流完全智慧地融入企业经营之中，打破工序、流程界限，打造智慧企业。

4. 帮助客户节约成本，实现轻松、放心购物

智慧物流通过提供货物源头自助查询和跟踪等多种服务，尤其是对食品类货物的源头查询，能够让客户买得放心，吃得放心，增强客户的购买信心，进而促进消费，最终对整体市场产生良性影响。

5. 促进当地经济进一步发展，提升综合竞争力

智慧物流集多种服务功能于一体，体现了现代经济运作的需求，即强调信息流与物质流快速、高效、通畅地运转，从而降低社会成本，提高生产效率，整合社会资源，提升综合竞争力。

第 2 节　智慧物流服务应用场景

随着物流业的不断发展，物流活动中正在产生越来越多的图像、音频、视频等非结构化数据，针对上述非结构化数据的识别技术是使这些数据得以有效利用的关键，深度学习技术的蓬勃发展使上述非结构化数据变成可视、可分析的信息和信号，使后续工作变得简单高效。此外，在新一代物流中，许多过程是无法人工操控的，就像人类肉眼的速度无法跟上流水速度。此时计算机视觉就可代替人类视觉，从而大幅提高

物流自动化。计算机视觉技术无疑成为推动物流业智慧化进程的关键。

在新一代物流的体系架构中，物联网、大数据、人工智能技术将构成智慧物流数据的底盘技术。事实上，物联网和大数据技术是人工智能技术实现的基础，人工智能技术在物流领域为物流自动化提供智慧支撑，最终实现物流的智慧作业和物流决策的跨越式发展。基于人工智能的物流的智慧作业表现出操作无人化、运营智能化和决策智慧化的特点。数据底盘技术和智慧作业共同支撑了新一代物流，实现物流服务商与商家和客户的无缝对接。总而言之，在未来基于人工智能的新一代物流将实现高效、精准、敏捷的服务，以及无人化的操作方式、智能化的运营方式、智慧化的决策方式，实现物流的高效运转。

一、智慧仓储管理

仓储管理包括入库、存储和出库（拣货）等重要环节，涉及数量庞大的物流机器人、自动仓储设备、运输设备和人员，占用了企业的大量资金。将仓储管理智能化，将为物流行业带来颠覆性的改变。

1. 仓库作业管理

仓库的管理者需要知道仓库的作业量、效率、产能情况，还需要对订单的作业方式进行选择，并且根据发运计划安排订单作业顺序。

人工智能可以协助管理者进行资源调配，实时提供作业数据及预警。在具体作业中，人工智能可以协助进行拣选路径规划、订单波次策略选择。在仓配交接环节，人工智能可以协助识别直发线路，协助场地周转、场地管理和配送资源计划管理。

2. 智慧存储设备

在仓储环节应用的物流设备种类丰富，功能各异，如历史悠久的堆垛机货架、更高效的多层穿梭车系统、针对小料箱的高效存储设备等。

针对仓储设备的智能化运行，计算机视觉、深度神经网络、机器学习、自动控制等技术的应用，将极大提升存储设备的周转效率，尽可能地提高设备的利用率。针对仓储设备的科学规划和实施，大数据分析和专家系统等技术，能够提升系统规划的效果；针对仓储设备的维护和保养，采用基于设备数据的寿命预测技术能够准确地对设备的状态进行预测，便于提前采取措施。

冷库存储是存储行业的一个特殊领域，生鲜、药品等特殊商品对此需求较大。人工智能技术打造的新型自动化冷库，利用大数据分析可将采购预测与仓储现状结合，自动控制技术可以针对冷库低温的特点，更好地控制仓储货架所用的穿梭车和堆垛机、搬运使用的叉车、码垛使用的码垛机器人等设备。

3. 智能分拣系统

智能分拣系统包括分拣过程中使用的运输设备如 AGV、智能分拣车、传送带等，以及分拣过程中的信息流。路径规划、机器视觉等技术，将赋予运输设备更多智能，使无人运输更加安全、高效。数据挖掘、大数据分析等技术，能够对订单进行更合理的拆分与合并，并与仓储设备、运输设备和人员形成联动，实现更高效的订单拣选。

4. 智慧盘库系统

库存盘点是一项耗费人力和物力的工作，且不能直接产生经济效益，因此，降低盘库的成本、提升效率很有必要。计算机视觉、图像识别、无人机等技术，能够迅速地对货物种类和数量进行盘点，相比于人工盘点，效率更高，准确率更高。

5. 码垛机器人

码垛机器人可以取代码垛工人完成繁重的托盘拆码垛作业，它既可以提高拆码垛作业的效率，又可以减少超高强度劳动导致的码垛工人的职业病，在个别恶劣的工作环境下还能对工人的人身安全起到有效的保护作用。近年来，码垛机器人在我国烟草、饮料等行业得到普遍应用。直角坐标码垛机器人具有机构简单、作业半径大等优点，适用于物流中心和自动化生产线的作业环境。

6. 智能拣选车

随着供应链管理理念的推广和电子商务行业的飞速发展，订单微型化趋势十分明显。物流中心的作业已经从过去的“整进整出”转变成“整进零出”的作业模式，目前混合托盘入、单件物品出的作业模式已经成为常态。因此，拣选作业已经成为现代物流中心的核心业务，拣选技术也成为近年来物流技术研究的重要方向。其中，智能拣选车（见图 4-4）具有巨大的发展潜力和良好的应用前景。

智能拣选车通常配备无线局域网和 RFID 技术，与仓储管理系统保持实时对接。智能拣选车具有自动导航功能，可以随时接受仓储管理系统发出的拣选订单，并在完成每步作业后自动上报作业状态。智能拣选车配置的操作面板和条码扫描系统可以帮助拣选员简捷准确地完成拣选作业。拣选车上配备的电子标签系统支持同时拣选多个订单的作业，而自动称重系统会对拣选货物进行重量上的核对，确保拣选作业的准确无误。智能拣选车具有智能、高效、准确、实时、操作简单等特点。

图 4-4　智能拣选车

二、智慧配送管理

在配送阶段，有些客户提供的地址是不精确的，有很多错误和模糊地带。这个时候就需要通过算法，通过人工智能来自动识别客户的实际目的地，确保准确投递。

在配送阶段，需要人工智能解决配送的运能预测和优化、车辆的调度响应等问题。配送企业需要实时了解每个线路的运能情况、资源需求和储备情况，提前做好应对，避免异常发生，减少接驳成本。在异常发生的时候，还需要人工智能给出最优补救方案。

配送作为快递行业的“最后一千米”，面对的情景非常复杂。农村地区和城市地区的配送场景不同，不同规模城市的配送场景不同，学校、商业区、住宅区的配送场景也不同，采用智能配送设备和方案，能够提高快递行业“最后一千米”的服务质量和服务效率。

基于自动驾驶的配送设备（车辆、其他辅助工具）适用于住宅区或农村地区等需要配送人员大量变换位置的配送场景，可以减轻配送人员的工作强度，提高配送效率。

1. 智能调度

数据是提高物流效率的重要工具，一个体现就是使用以运筹学等为代表的工具进行调度与规划。在这方面，算力、算法和数据“喂养”的人工智能可以大展身手。借助人工智能技术，企业可以实现物流运配环节车辆、人员、设备等作业资源的协调统一，使作业效率最大化。

以外卖为例，资料显示，“美团”实时智能配送系统是全球最大规模、高复杂度的多人多点实时智能配送调度系统之一。能够基于海量数据和人工智能算法，在客户、骑手、商家三者中实现最优匹配，同时可以考虑是否顺路、天气如何、路况如何、客户预计送达时间、商家出餐时间等复杂因素，实现 30 分钟左右准时送达。

“饿了么”的方舟智能调度系统，通过使用深层次神经网络与多场景智能适配分担，引入“大商圈”概念，为平峰、高峰等不同场景建立了不同的适配模型。得益于深度学习与多场景人工智能适配分单，该系统能实时感知供需、天气等压力变化，对预计送达时间、商户出餐时间、商圈未来订单负载等做出精准预测，客户的订单将会在最优决策下被匹配最佳路径，保证配送效率和体验。

2. 智能装载

配送车辆非常关注装载率，即如何能装更多的货。基于大数据积累和人工智能深度学习算法，数字货舱就可以实时感知货物量方，自动记录量方变化曲线，时刻知晓装载率。通过人工智能摄像头和高精度传感器对厢内货物进行图像三维建模，保证货物运输状态全程可视化，并智能管控装车过程和装车进度。

智能挂车数字货舱搭载的量方功能采用了传感器+AI 算法，对舱内货物进行高精度扫描和三维图像建模，最终自动计算出货舱容积占用百分比，实现精准装载。不仅如此，货舱在装载过程中“哪里空”“哪里满”，都以全三维方式呈现。对货舱空间更合理的利用能时刻保证车辆真正满载。

3. 智能分单

分单是快递的一个重要环节。人工智能的应用，使分单实现了从人工到人工智能的转变。

以送往北京的包裹为例，过去包裹到达北京的转运中心之后，需要对包裹进行人工区分，哪些包裹去往海淀区，哪些包裹去往东城区，区分后，包裹上会被写上不同的编号。到达网点之后要经过再次区分。到达配送站之后，在分配给快递员前需要进行第三次区分。这些分单工作人员，要达到熟练程度至少要经过半年的训练，一个转运中心，大的需要 100 多人三班倒工作，小的也需要几十人，还会经常发生错误，出现类似去往北京的包裹被意外送到深圳这样的问题，严重影响派送效率和客户体验。

菜鸟网络通过人工智能技术，利用大规模的机器学习，处理海量数据，实现智能分单。包裹发出时，就会对包裹要去往的网点以及快递员做出精准的对应，并在面单上标识出编号，无须再由人工手写分单。包裹到达转运中心、网点，以及配送站之后，工作人员根据编号即可判断包裹的分配，分单准确率达到 99. 99%，效率也得到提高。

4. 无人配送车

无人配送车是应用在快递快运配送与即时物流配送中的中低速自动驾驶无人车，其核心技术架构与汽车自动驾驶系统基本一致。

相较于传统送件模式，无人配送车反应快、运行稳，覆盖范围更广、可送货物品种更多、“在岗”时间更长。无人配送车能克服恶劣的天气因素，可 24 小时全天候运转，解决“最后一千米”的难题。

无人配送车集合了很多高配置，不仅包括物联网、人工智能、云计算等最新科技元素，还把激光雷达、面阵雷达、GPS、惯性导航传感器等有效结合，实现高精度定位和导航，可以规划出安全、高效的绕行路径。

京东硅谷研究院研发的 L4 级别的自动驾驶重型卡车已在一些获得授权的道路上完成了几千小时的智能驾驶超级测试。这种卡车可自动完成高速行驶、自动转弯、自动避障绕行、紧急制动等绝大部分有人驾驶车辆的功能。同时，京东无人快递小车也开始在社区试运行，如图 4-5 所示。

图 4-5　京东无人快递小车

几乎与京东同步，苏宁无人重卡“行龙一号”在上海市奉贤区完成首测。该无人卡车载重 40 吨，采用深度传感器融合技术，在无人驾驶感知、认知、决策、控制层面技术领先，能够在每小时 80 千米驾驶速度的情况下实现安全自动驾驶。即使是在高速场景下，也能在 300 米外精确识别障碍物，并以 25 毫秒的反应速度控制车辆进行紧急停车或者绕行避障等措施。

5. 无人机配送

目前，无人机的主流配送体系为三级通航物流体系。以京东为例，京东的三级通航物流网络包含干线、支线、终端三级物流网络，其结构如下。

第一级，干线无人机配送。通过干线无人机，实现载重 50~60 吨，覆盖 1 000 千米半径的中心仓到分中心仓的干线物流快速调拨。

第二级，支线无人机配送。支线配送是分中心仓之间和分中心仓到场站的小批量快速转运。例如，生鲜、3C 产品（计算机、通信和消费类电子产品）、高货值物品可以通过支线无人机来快速转运，不必等候运输车辆，途中的损耗较小。无人机的载重从 200 千克到 2 吨级别，覆盖半径约 500 千米。

第三级，终端无人机配送。这一级别的无人机载重 10~50 千克，覆盖半径 10~50 千米，其缺点是无法配送大件包裹。除了京东外，顺丰、苏宁也在积极地构建自己的"干线大型无人运输机+直线大型无人机+末端小型无人机"。

未来随着无人机的干线、支线和末端的联合运营，将形成一张多级联运、层层转运、天地一体、高效互通的空中物流网络，这将大大提高地面仓库的流转效率和覆盖范围。未来借助航空物流的规模化运营，地面仓储设施的数量可能减少，仓储成本会降低，同时货物的流通效率也能够在控制成本的前提下提升，客户的网购体验也会提升。

随着"干线—支线—末端"三级智慧物流体系成为物流无人机的主流布局方向，未来几年内，"末端级"物流无人机产业化将加速进行，"支线级"物流无人机则会成全球竞争的焦点。

三、智慧物流园区管理

1. 表单处理

物流行业有许多表单、文档数据，人工智能技术中的计算机视觉和深度学习可以在这一场景中应用。

例如，腾讯云的 OCR（光学字符识别）技术通过计算机视觉结构化识别表单内容，能够快速便捷地完成纸质报表单据的电子化，大幅避免人工输单；对文档扫描件或者图片中的印章进行位置检测，内容提取，实现自动化一致性比对；独有的手写文字识别技术可以精准识别出手写文字、数字、证件号码、日期等，实现带有手写文字的扫描件或图片数字化处理。

目前，中国外运、顺丰等均与腾讯云合作应用 OCR 技术。以中国外运的某进口报关业务为例。由于零部件的单据非常复杂，一个零部件涉及的单据可能有 100 多页，以往一页一页地录入，4 个人要花一周时间。如今应用了人工智能技术，一个人 40 分钟就可以完成录入，且准确率极高。

2. 园区管理

表单处理完，货物进入物流园区。随着 IoT、5G 等技术的应用，人工智能在园区管理上同样可以发挥重要作用。如监测、采集场院内车辆信息，提供车辆装载率、车辆调度、运力监测和场地人员能效等基础数据，优化运力成本。再如对人员工作情况进行管理，规避员工不规范甚至危险的操作。

2018 年，菜鸟网络曾宣布全面启动物流 IoT 战略，并向全行业发布了全球首个基于物流 IoT 的“未来园区”。这是物联网、边缘计算和人工智能等前沿技术第一次在物流领域的大规模应用。“未来园区”可以识别每一个烟头，监控每一个井盖，实时保障园区安全、高效运转。

2019 年，京东物流披露，其已建成的 5G 智能园区，通过 5G+高清摄像头，不仅可以实现人员的定位管理，还可以实时感知仓内生产区的拥挤程度，及时进行资源优化调度。5G 与 IIoT（工业物联网）的结合，帮助对园区内的人员、资源、设备进行管理与协同。5G 还帮助园区智能识别车辆，并智能导引货车前往系统推荐的月台进行作业，让园区内的车辆更加高效有序。这些功能同样以人工智能技术为底层依托。

3. 搬运管理

从园区进入仓内，必须进行的操作就是装卸。货物识别加机器人与自动化分拣可大大降低人员的劳动量。例如，AMR（automatic mobile robot）即自主移动机器人，是目前发展和应用较快的技术。与传统 AGV 不同的是，AMR 的运行不需要地面二维码、磁条等预设装置，SLAM 系统定位导航为其装上了“眼睛”，让其可以实现高效的搬运和拣货作业。

以 AMR 商业化项目落地领先的灵动科技为例，其率先将计算机视觉技术与多传感器输入相结合，让其机器人实现了真正的视觉自主导航。据介绍，灵动视觉 AMR 能够帮助企业实现人效提升 2 倍以上、拣货成本下降超过 30%的“降本增效”成果。

四、智慧港口管理

1. 人工智能在码头无人驾驶设备中的应用

作为人工智能等技术在汽车领域、交通领域的延伸与应用，无人驾驶近几年在世界范围受到了密切关注。当前人工智能的主要细分技术，包括机器视觉、深度学习、图形处理等均在自动驾驶领域发挥着重要的作用。随着人工智能技术新一轮的发展浪潮，人工智能与港口集疏运设备的自动驾驶也愈加契合。

例如，一款西井科技与振华重工联合研发的无人跨运车，已成功在码头完成了多次实际场景路测。该无人跨运车无须事先埋设磁钉，依靠人工智能技术，即可实现自主定位、自主导航的无人驾驶决策，不但可以自动规避障碍物，还可以做出减速、制动或绕行等遭遇突发状况的各种决策。同时，无人跨运车可根据码头实际路况，自主规划出集装箱水平运输的最优驾驶线路。

2. 人工智能在自主箱号识别技术中的应用

集装箱箱号是集装箱在整个港区装卸船、堆放、验残、出关等作业时流转的依据，对整个港口大数据流转、理货公正性等有着直接影响。由于集装箱作业通常在露天进行，易受到港口所在地气候、光线等条件的影响，且集装箱的箱号横竖排列不定，存在曲面、油漆脱落等情形，实现集装箱箱号快速、精准的识别成为技术难点。

人工智能的计算机视觉以及深度学习算法的突破，使机器在“看”这一认知能力上得到加强。人工智能有助于实现箱号自主识别，提高箱号识别的效率和准确率，并可在此基础上进一步实现港区无人智慧闸口、无人智慧吊装等功能。

3. 人工智能在智慧船舶配载中的应用

船舶配载是海上货物运输中的重要环节，集装箱船舶配载指在确保船舶适航性和经济性的前提下，根据船公司的要求，按照一定装箱规则绘制预装船图，以便将集装箱合理地装载到集装箱船舶上。集装箱船舶配载是一项复杂、全面、综合性强、技术含量高的工作，对操作人员综合素质的要求较高，其配载质量直接影响码头装卸作业效率和船舶的安全性能。

船舶配载和堆场运动是可以更具预测性的领域，因此成为当前人工智能技术可以增加“巨大价值”的地方。可结合船舶的箱量分布、箱型比例、挂靠港等信息，以及实时的货物堆存、机械设备状态、班轮航线、泊位、货源等信息，利用人工智能算法，在预测的基础上，自动完成最优配载图，将货物安全、高效装船，帮助提升船舶有效积载。

4. 人工智能在码头智能调度中的应用

未来港口智能调度将借助物联网和人工智能等技术，结合实时的生产现场机械设备状态、泊位、车辆运输等相关数据，并与船舶行驶状态实时交互，通过预测，制定最优决策方案，实现信息系统指令与码头机械设备控制功能的无缝衔接，提高作业效率和准确率，保证生产过程的连续、协调、均衡和经济运行，以求实现生产效益的最大化。

鹿特丹港务局和 IBM（国际商业机器公司）宣布打造“未来港口”，通过沿着码头的墙壁、系泊柱和道路从鹿特丹市到北海的 42 千米的陆地和海洋安装传感器，收集有关潮汐和潮流、温度、风速和风向、水位、泊位等数据，利用物联网和人工智能技术对这些数据进行分析，转化为鹿特丹港可用于制定决策的信息，以缩短等待时间，确定停靠、装载和卸载船舶的最佳时间。

5. 港口智能管理

港口通常需要 24 小时作业，对司机技术要求高，且作业环境封闭，这些特殊要求让无人卡车开进港口成为需求。

通过对接 TOS（码头管理系统），无人卡车获得相应运输指令后，可实现码头内任意两点间的水平移动、岸吊、轮胎吊、正面吊、堆高机处理等自动收送箱功能。

每一台无人卡车通过车载网络实时与码头控制中心保持联系，实时接收每一条任务指令，并将当前车辆状态、任务执行情况实时汇报给控制中心。

第 3 节　智慧物流服务应用典型案例

一、案例一：京东物流的智慧化运营案例

1. 人工智能在京东无人仓的应用

2017 年，京东首个全流程智能无人仓在上海亮相，其占地面积 40 000 平方米，物流中心主体由收货、存储、订单拣选、包装 4 个作业系统组成，存储系统由 8 组穿梭车立库系统组成，可同时存储 6 万箱商品。在货物入库、打包等环节，京东无人仓配备了 3 种不同型号的六轴机械臂，应用在入库装箱、拣货、混合码垛、分拣机器人供包 4 个场景下。

值得注意的是，在分拣场内，京东引进了 3 种不同型号的智能搬运机器人执行任务。京东分别使用了 2D 视觉识别、3D 视觉识别，以及由视觉技术与红外测距技术组成的 2. 5D 视觉技术，为这些智能机器人安装了“眼睛”，实现了机器与环境的主动交互。2021 年，京东无人仓已具备每天处理 130 万个订单的能力。

除了引入业内最先进的大型设备，京东无人仓的最大特点是对于机器人大规模、

多场景的应用。在京东无人仓的整个流程中，从货物码垛、供包、分拣，再到集包转运，应用了多种不同功能和特性的机器人，这些机器人不仅能够依据系统指令处理订单，还可以完成自动避让、路径优化等工作。

全流程智能无人仓可视为京东在智能化仓储方面的一次大胆创新，其自动化、智能化设备覆盖率达到100%，可以应对电商灵活多变的订单业务形态。

除此之外，全流程智能无人仓依靠智能算法精确推荐包装材料，可以实现全自动体积适应性包装，做到节省每1厘米的包装材料。

2. 人工智能在京东无人机物流配送中的应用

京东作为世界范围内无人机物流领域的先行者之一，旗帜鲜明地提出了以智能化平台为核心，通过无人机、无人仓和无人车等智能硬件，搭建“天地一体”的立体式智慧物流网络的设想。

京东物流以打造客户体验最优的物流履约平台为使命，通过开放、智能的战略举措促进消费方式的转变和社会供应链效率的提升，将物流、商流、资金流和信息流有机结合，实现与客户的互信共赢。京东物流通过布局全国的自建仓配物流网络，为商家提供一体化的物流解决方案。其中无人机物流是京东表现最耀眼的板块之一。

在2015年的世界互联网大会上，京东提出要以无人机作为工具，在全国村镇间建立无人机物流配送网络，由无人机来完成乡镇配送站“最后一千米”的配送任务。

2016年，经过不断的研发和探索，京东在无人机方面取得了重大突破，京东自行研发的多款无人机产品在上海举行的亚洲消费类电子产品展览会及在贵阳举办的国际大数据产业博览会上亮相，如图4-6所示。

图4-6　京东无人机配送

无人机配送被看成是京东突破瓶颈延续优势的一个重大探索。京东表示，农村送货成本5倍于城市，而无人机能很好地解决成本过高问题。测试显示，在正常情况下，京东无人机往返10千米，耗电还不到1度，也就是不足5毛钱，而且无人机配送比汽

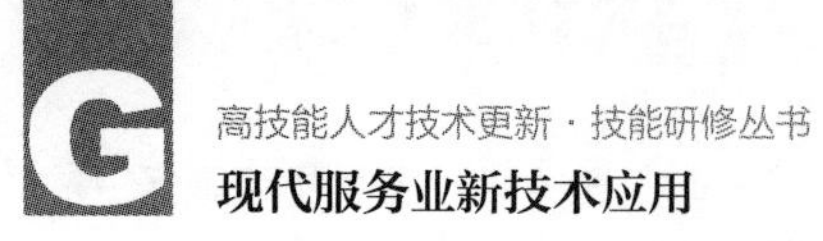

车配送要快。

2016 年 5 月，京东开始布局智慧物流体系，计划用大数据、云技术、无人仓、无人车和无人机，构筑“天地一体”的智慧物流网络，如图 4-7 所示。

图 4-7　京东无人仓、无人车

2016 年 6 月，京东在宿迁正式开展无人机试运营。无人机从宿迁双河站配送中心将数个订单的货物送至宿迁曹集乡旱闸村的乡村推广员刘根喜手中，标志着京东智慧物流体系的建设实现了一次重要落地。该次京东展示了 3 款无人机，载重从 10 千克到 15 千克不等，可自动装卸货，送货航程达 5 千米，如图 4-8 所示。

图 4-8　京东无人机

2018 年 9 月 21 日，在江苏省阳澄湖，京东首次采用自主研发的无人机配送活蟹。无人机从阳澄湖畔起飞，将大闸蟹送至附近的京东仓配站点，全程仅耗时 3 分钟。此外，依托于京东建立在北上广三地的大闸蟹协同仓，三仓覆盖地区的客户甚至最快 4 小时就能收到来自阳澄湖的大闸蟹，全国近 300 个城市可在 48 小时内送达，其中 190 多个城市的客户可在 24 小时内收到活蟹。

每年，阳澄湖大闸蟹的物流配送都堪称是一场“保鲜战”。这次执飞送蟹的京东无人机最大飞行半径为10千米，最大载重可达10千克。京东无人机项目经历几年的发展，在常规物流配送及边远地区农产品运输、特色农产品上行通道打造等方面已有了丰富的应用经验。

二、案例二：顺丰速运的智慧物流布局案例

1. “天网+地网+信息网”背后，人工智能赋能智慧物流布局

顺丰速运拥有一套“天网+地网+信息网”三网合一、可覆盖国内外的综合物流服务网络。其中，天网方面，顺丰速运提前布局，储备了空侧场地、飞行员资源、航权时刻等稀缺资源。地网方面，顺丰速运提前布局物流场地资源，致力于打造“快递+”和“互联网+”双核驱动的物流场地及产业园服务生态圈。信息网方面，顺丰地图的精度比日常使用的互联网地图更高，可根据车辆不同高度精确设计路线。

在这三网中，尤其是在地网和信息网的构建中，顺丰速运部署了人工智能，以新技术打造智慧物流。通过大数据、云计算、智能硬件等智慧化技术与手段，提高物流系统思维、感知、学习、分析决策和智能执行的能力，提升整个物流系统的智能化、自动化水平，从而推动物流的发展，降低物流成本、提高效率。

顺丰速运在做的，不是取代快递小哥等员工，而是基于为小哥减负的目标部署人机交互和机器人作业。运用人工智能的技术，打造“数字化小哥”，减轻小哥的工作负担，提升工作效率，让小哥更开心、更轻松地工作。

如顺丰科技人工智能负责人刘志欣在网易经济学家年会上发表的演讲所言：“我们研究AI，研究大数据等，都是用来减轻员工负担的。以人工智能为驱动的机器可大幅提高员工的工作效率，它们只是人类的工具而已。我们也一再表明，顺丰是不会因为人工智能、机器人等技术减少顺丰员工的就业机会的。”

可以说，在顺丰智慧物流的布局中，虽然已经越来越常态化地使用人工智能技术赋能，但是其目标是与快递小哥等员工进行融合，减轻人的体力劳动，增加人工的科技含量。

2. 帮助更多人就业、守业，顺丰可持续的人工智能玩法

以快递小哥为例，通过人工智能武装的智慧物流系统，助力小哥配送的数字化，在减轻小哥工作负担、提升配送效率的同时，带来客户体验的提升，进而形成员工+客户+顺丰的共赢。人工智能可以把人从重复性的工作中释放出来，去做更有价值和意义的工作，提升客户的服务体验和创造更高的价值。例如，除了在收派环节的终端外，在小哥装车、卸车、分拣等环节，套在手指上的智能指环可轻松扫描快件运单，解放

了双手，解决了手持终端进行扫描而影响搬运的问题，提升了工作效率。此外，机械臂、实时路径规划等技术的落地，也让顺丰的仓配效率与之前不可同日而语。

三、案例三：飞鹤乳业智慧物流配送中心建设

飞鹤乳业位于哈尔滨智能化产业园的智能仓储项目，于 2022 年 6 月建成全国中央物流配送中心并正式投入使用。该物流配送中心由飞鹤乳业与京东物流联合打造，依托先进的仓储管理系统与控制系统，结合多款智能仓储装备与创新技术，实现了更高效率、更低成本的高度自动化、智能化仓储作业模式。该物流配送中心投入使用后，作业效率提高 40%，成本降低 25%，可同时满足飞鹤乳业 9 个奶粉生产基地集中存储与配送全国的业务，树立乳制品行业智能化仓储标杆。

1. 联合打造飞鹤全国中央物流配送中心降本增效成果显著

近年来，消费升级以及国民健康意识的普及，为乳制品市场注入了新的发展动力，同时对乳制品企业的供应链管理也提出了更高的要求。作为我国奶粉行业龙头企业，飞鹤乳业近年来全力加速供应链的数字化升级，自动化仓的建设尤为重要，再加上业务发展迅猛、渠道多元等，需要综合考量的因素众多。

为进一步提升服务水平和消费体验，飞鹤乳业与京东物流展开合作，联合打造了全国中央物流配送中心，全面升级飞鹤供应链管理效率，如图 4-9 所示。

图 4-9　全国中央物流配送中心

飞鹤乳业全国中央物流配送中心位于黑龙江省哈尔滨市，仓库整体面积约为 24 000 平方米，分为两栋建筑布局。物流配送中心不仅建设有 24 米高的自动立库及输送与分拣系统，投入使用了堆垛机、分拣机械臂、地狼搬运 AGV、环穿 RGV（有轨制导车辆）等多款智能仓储装备，还运用了包含生产集成层、设备集成调度层、设备控

制层三大核心模块的自主研发的 WCS（仓库控制系统）软件产品，实现多设备协同作业与有序衔接，贯穿产品出入库、存储、包装、分拣的仓储全流程，大幅提升生产环节的作业效率，降低仓储成本，提高生产效率。

2. 自动化与智能化并行，应对乳制品行业发展变化与增长需求

飞鹤乳业与京东物流共建的智能仓储项目不仅给企业的运营和管理带来效率支撑，更基于快速消费品行业在拣选场景的复杂性与高效率要求，通过京东物控 WCS、机械臂多 SKU（最小存货单位）多抓混码技术，以及 3D 扫描一站式实时监控系统等多种物流创新技术联动，帮助企业更好适应快消行业的发展变化与商业增长需求。智能机械臂如图 4–10 所示。

图 4–10　智能机械臂

针对乳制品行业 SKU 众多、新鲜度要求高等特点，京东物控 WCS 通过集成多种自动化物流设备，实现仓内全流程自动化应用，从容面对海量 SKU 存储和短时高并发出库的需求。同时，充分发挥智能调度算法的优势，辅以机械臂多 SKU 多抓混码技术，实现机械臂自动化拣货及混码出库，显著提高仓储作业效率。

此外，项目通过运用 3D 扫描实时监控功能，可实时采集整仓设备状态，实时监控设备故障与运行状态，实现仓储的一站式监控管理，实现高度自动化与智能化并行、高效率与低成本领先的现代化全国物流配送中心。

当前，数智化转型已成为乳制品行业降本增效的有效途径。飞鹤乳业与京东物流联手打造的全国物流配送中心不仅成为飞鹤乳业实现全局数字化转型与升级的有力驱动，也为乳制品行业供应链升级提供了可借鉴的经验和路径。

四、案例四：亚马逊的智慧物流应用案例

亚马逊作为一个覆盖全球的电商平台，人工智能技术已经渗透到其业务的方方面

面，从采购到存储，从运输到配送，从信息世界到现实设备，同时也反向促进人工智能在机器人领域、信息处理领域、智能控制领域的飞速发展。

1. 人工智能在仓储领域的应用

目前，智能机器人在仓储作业中的应用已非常普遍，自动化立体仓库、无人叉车、AMR 等设备的应用，显著提高了仓库分拣、搬运的效率。

亚马逊在 2012 年耗资 7.75 亿美元收购 Kiva Systems 公司，专注研究如何利用机器人在仓库里完成网上大量的订单派发工作。之后，在其仓库中大规模应用了 Kiva 机器人（见图 4-11），将货架从仓库搬运至员工处理区，实现货到人的拣选。Kiva 机器人的应用使拣选效率提高了 3 倍，准确率更是达到 99.99%。

图 4-11　亚马逊 Kiva 机器人

2. 人工智能在配送领域的应用

无人机配送作为一种不受地形、交通、人员限制的配送方式，成为未来快递配送的主要趋势。早在 2013 年 12 月，亚马逊就发布 Prime Air 无人快递，客户在网上下单，如果重量在 5 磅（1 磅=0.45 千克）以下，可以选择无人机配送，在 30 分钟内把快递送到家。整个过程实现无人化，无人机在物流中心流水线末端自动取件，直接飞向客户。

2020 年 4 月，亚马逊获得了美国联邦航空管理局（FAA）的批准，可以在美国地区运营快递无人机，亚马逊的配送体系正式进入“海陆空”时代，其最新版本的快递无人机，是一种混合动力飞机，能够垂直起飞和着陆。

无人机采用热成像、深度摄像头等设备来探测危险，在人工智能模型的帮助下，可以自动识别飞鸟等障碍物，实现安全飞行。

3. 人工智能在数据分析领域的应用

大数据应用是贯穿电商行业的关键技术，更高效、更有价值地利用数据，就能更多地节省成本，更大程度地提升效益。

亚马逊依靠其强大的技术能力，将大数据分析推向电商行业的各个环节：亚马逊有一套基于大数据分析的技术来帮助精准分析客户的需求，提升客户购物体验；大数据驱动的仓储订单运营非常高效，在中国亚马逊运营中心最快可以在 30 分钟之内完成整个订单处理；数据驱动的亚马逊客户服务在中国提供的是每周 7 天，每天 24 小时不间断的客户服务，首次创建了技术系统识别和预测客户需求，根据客户的浏览记录、订单信息、来电问题，定制化地向客户推送不同的自助服务工具，大数据可以保证客户能随时随地电话联系对应的客户服务团队。

亚马逊利用大数据分析技术对整个物流链条进行了全面提升，实现了更高效的仓储入库、商品测量、货物拣选、智能分仓和调拨、可视化订单作业、包裹追踪等功能。

五、案例五：上海洋山港等码头的智慧港口应用案例

人工智能已与诸多行业深度融合。航运业是人类经济发展中非常古老的行业，但近年来其积极与人工智能深入融合，通过全自动码头、智慧船舶配载、智能调度等各领域的应用，以及未来可能朝着无人驾驶船舶、智能解决方案设计等趋势，不断从信息化到智能化演化发展。

全自动码头利用自动运输设备和控制系统相结合，实现无人工介入的协同高效作业。全自动码头在全球各地均有采用，技术应用已经较为成熟。我国的上海洋山港、青岛港、广州港等港口也都在全自动码头建设中走在了世界前列。

以上海洋山港的出口集装箱调运为例，自动化码头的作业流程大致分为 6 个步骤：使用自动化轨道吊起重集装箱、自动化轨道吊自动将集装箱堆叠至集装箱堆场、自动化轨道吊将集装箱从堆场自动运送至 AGV 运输点、AGV 将集装箱运送至岸桥起重点、岸桥起重、远程控制及调度中心将集装箱起重运至运输船。集装箱 AGV 如图 4-12 所示。

在上述作业流程中，AGV 起到了关键性的中介作用。AGV 是一种具备电磁或者光学等自动导引装置，能够沿规定的导引路径行驶，具有安全保护及各种移载功能，不但可以自动规避障碍物，还可以做出减速、制动或绕行等应对突发状况的各种决策并规划最优驾驶线路。

AGV 自动导航的实现技术是多元的，其中在业内被广泛采用的是磁钉定位导航系

图 4-12　集装箱 AGV

统。例如，在上海洋山港自动化码头四期工程中，地面下埋设了 6 万多颗磁钉，磁钉与磁钉之间处于一种较为精确的定位状态，通过磁导航传感器检测磁钉的磁信号即可实现 AGV 的定位，此时可以依靠里程计量传感器来计算位置，依靠角度传感器来确定方向角。

有了自动引导设备，全自动码头作为一个庞大系统，要实现协同运作，还需要通过人工智能、运筹学决策和系统工程理论来发展中央控制系统。上海洋山港的控制系统主要包含全自动码头智能生产管理控制系统与设备管理系统，它们指挥着 130 台 AGV 协同工作，共同发挥出最优的效率。

除自动运输载体之外，人工智能也渗透到了全自动码头的各方面，解决了传统码头作业中的难题，极大提高了自动效率。例如，在码头上，轨道吊从集装箱卡车上抓取集装箱时，如何安全高效地进行全自动化交互作业，是全球港口一直未解决的行业难题。因为集装箱与集装箱卡车的托盘锁销一旦没有完全分离，轨道吊卸箱时就容易造成集装箱卡车被吊起的事故，存在安全隐患。青岛港自动化码头团队通过用人工智能、图像识别等技术研发了机器视觉集装箱卡车防吊起系统，实现集装箱卡车防吊起自动识别。这项新突破让自动化码头的全自动化范围再次延展，从码头卸船作业一直延伸到陆侧区域。这样一来，码头收箱作业避免人工介入，进一步提升了安全性，解决了行业难题。

除了已经应用的技术，全自动码头的发展也与相关技术的进步紧密结合。广州港集团就积极引入高新技术，与华为公司开展了战略合作，着力结合 5G 技术打造“车路协同”平台，优化自动化码头的作业流程。华为公司已在广州港等港口进行有关联合创新和测试，探索 5G 在港口陆地和海域等特殊场景的覆盖技术，实现港口遇险报警、辅助航行、智能理货等业务运用。

在智能船舶配载方面，人工智能算法可模拟配载员操作，实现自动配载过程。智能船舶配载通过人工智能技术和算法优化，可以结合船舶箱量分布、箱型比例、挂靠港、货物堆存、机械设备状态、班轮航线、泊位、货源等信息，自动完成最优配载图，实现货物安全，有效提升船舶装载效率。

目前较为尖端的基于学习导向的船舶智能配载技术采用了深度神经网络的学习方法进行学习，克服了大多数抽象的配载策略无法用构造式的人工规则来描述这一问题。同时，在配载求解过程中也采用了智能算法，但是在算法的上层还构造了一层工作流引擎用于快速调用配载特征库进行配载，从而大幅提升了配载求解的速度。

自动配载的效率约是人工配载效率的十几倍。以装船 2 000 自然箱为例，自动配载的速度平均为 15 分钟，人工配载则需要大约 3 小时。

此外，智能配载还能够降低劳动强度、固化员工经验、提高夜间配载质量。针对超大型船舶，智能配载可大幅降低员工劳动强度，逐步使配载员从重复工作操作者转化成为规则的制定者。同时，计算机自动配载系统不断地吸纳与固化员工的配载作业经验，可稳步、有效地提高配载质量。系统配载的另一特点是配载质量稳定，计算机超强的计算能力能够有效避免员工因疲劳导致的配载质量下降等情况。

智能配载在很多港口已经进入应用阶段。宁波大榭码头是国内首个使用智能配载技术的集装箱码头。该码头应用智能配载技术的船舶平均单机效率有显著提升，平均作业路数有所减少。智能配载技术大幅提高了配载计划的编制效率，公司吞吐量达 300 万集装箱时，计划岗位人员编制仍能保持不变，特别是针对短截关期状况下的大型船舶，该技术可以平均将装船作业开工时间提前 3 小时，节能减排的同时显著降低码头生产运营成本。

上海洋山港应用智能配载技术后，由于配载决策所需时间显著缩短，可先根据放关情况提前数小时进行首次决策，靠泊前针对剩余出口箱进行二次决策，且首次决策时间大幅延后，减少了首次决策后放关出口箱数量，提升了决策效率和决策水平。

六、案例六：杭烟物流基于 GIS 的送货线路优化

1. 杭烟物流基本情况

浙江省烟草公司杭州分公司（以下简称杭烟）在杭州城区共有 6 400 多个卷烟零售网点（以下简称经烟户），下属物流中心有 20 多辆送货车、100 多条进货线路，如何解决定时到户中的送货车辆调度问题，如何均衡不同送货线路的工作量，如何降低

卷烟配送成本，是物流中心面临的重要问题。

2. 线路优化问题的难点分析

（1）GIS 问题。车辆优化调度需要一套详尽丰富同时实时更新的 GIS 支持。杭烟车辆送货线路优化面临的最大问题是 GIS 建设问题。虽然目前杭烟物流已有一套电子地图，但从使用结果来看，该电子地图明显存在不足，不适合用于杭烟物流送货线路优化。主要问题有两个：一是信息量太少，许多街道没有标出，无法量化衡量，尤其是城区小街小巷或者郊区线路。二是系统更新速度太慢，维护跟不上，许多街道早在多年前就已发生变化，进行了改造、新建、更名，但电子地图仍是老样子。

（2）部分车辆更新问题

1）物流配送中心位于杭州市郊区，离市区经烟户所在地较远，物流中心由北向南，呈扇形辐射 6 400 多家经烟户，按目前运载力和工作分配，车载量偏低，逢节假日，送货量稍有增加，部分送货车必须跑两次，造成来回“跑空车”，严重加长了送货时间，降低了效率，又浪费汽油。

2）车辆超龄服役，车身破旧，发动机底盘等许多零部件已磨损，不仅影响杭烟物流在客户心目中的形象，也给送货本身带来安全隐患。其中 3 辆送货车已运行 12 年之久，属于国家强制报废车辆。

3）部分送货车辆因本身老化、油耗高、性能落后等原因，年均维修费用非常高，与车辆自身价值早已不成比例，且有逐年增加的势头。其中一辆送货车 2001 年的维修费用高达 8 258 元。

4）车辆容载量偏低，造成配送成本增加。车辆优化调整系统除了要求送货线路最短，还要求车辆容载量尽可能大，尽可能满载。目前杭烟物流送货车辆容载量普遍偏低，其中 16 辆送货车的平均容载量不到 30 件。

根据以上情况，杭烟物流计划进行送货车辆的更新配置，近期采取报废 10 辆超龄服役车，换成 8 辆容载量 50 件的送货车的措施。可减少 2 辆车和 2 名驾驶员，同时经烟户送货车运载力整体增加 18%，以适应杭烟物流配送车辆优化调度的需要。

（3）现有送货线路划分方案的弊端

1）存在不同的访销员对应的经烟户在同一送货区域。

2）以前属于某访销员的经烟户搬迁后，为不减少总量，仍保留在原访销员辖区内，给送货造成不便。

3）部分访销员所辖经烟户地域跨度太大，造成送货集中度降低。

要实现杭烟物流线路优化，必须打破原来按照访销线路确定送货线路的弊端，然后初步圈定优化对象范围。对访销员所辖经烟户的调整只是缓解矛盾的暂时措施，因为访销员所辖经烟户的划分有销售工作的实际原因，根本的方法是进行物流内部操作流程的再造，加入排单系统，从信息流程上真正实现访销与配送分离。

（4）经烟户网点布局问题

1）有的网点，一条路上经烟户位置相邻过密，经烟户一家挨着一家。

2）有的网点位于农村，分散在很窄的街巷里，只有微型送货车才能通行。

3）有个别网点微型送货车也不能送到，送货员送货要来回走较长距离，严重影响送货效率。

对此，杭烟物流抓住现存专卖体制的有利时机，利用年检和市区规划的变动，对杭州市经烟户布局进行较大范围的排查和调整。如城郊接合部和农村可以取消小零售户，开“连锁加盟店”，经烟户的位置尽可能相隔一定距离。实践证明，经烟户的布局调整既有利于经烟户的生存和发展，也能大大节约物流成本。

3. 杭烟物流线路优化调度的实施

（1）线路优化调度最终实现的目标。线路优化调度的最终目标是实现物流中心操作流程改造，真正实现访送分离。

1）目前的操作流程。目前车辆的送货清单生成完全是按照访销线路来确定的，很难从整体上优化，提高送货效率。

2）改造后的操作流程。改造后的操作流程在经烟户布局的地理信息系统和决策支持系统作用下，根据电子排单系统，生成优化后的送货清单，改变了原有按访销线路定送货线路的缺陷，在操作流程上真正实现访送分离。

（2）GIS 开发设计。一个功能完善、使用方便、信息量丰富、实时反映辖区交通网络变化的 GIS 平台是实现杭烟物流送货线路优化的先决条件，也为杭烟的城网建设提供了一个基础信息平台。

杭烟物流配送 GIS 必须具备以下功能。

1）电子地图的基本操作功能，包括视图的放大、缩小、平移，6 400 多家或主要经烟户位置的标注，鼠标交互的距离和面积的量算，查询地理对象的属性信息等。

2）经烟网络分析功能，如经烟户之间最短路径查询、经济距离计算、最近设施查找、辐射区域分析等。

3）提供地理信息的维护功能，包括基础地理信息和专题信息的维护，如设置修改驾驶员的信息（包括姓名、编号、待命状态、送货区域等参数），以及车辆的信息（包括车型、车牌号、编号、容载量、车龄、待命状态等参数）。

4）交通道路信息设置，主要是指从物流中心到各经烟户的道路情况，主要设置线路编号、派车时间、各街道距离、始发点及终端等参数。

5）对经烟户的主要设置，包括序号、名称、客户级别、联系方式等数据的设置修改。

目前，杭烟物流上下已形成一个共识，要想实现送货线路优化设置，必须先有一个切实可行的 GIS 应用平台。

（3）电子排单系统的开发。建立杭烟物流线路优化调度决策支持系统模型；采用先进可靠的求解算法（如节约法、遗传算法等），同时把该算法融入计算机应用软件中，输入各种限制边界条件和目标函数，最终输出每天每次每辆车的电子送货清单；改变以原有以批发部为轴心的与访销线路对应的送货线路模式，实现以配送中心为中心、由北向南辐射 6 400 多家经烟户的工作量相对均衡的送货安排。

4. 利用 GIS 系统开展线路优化后的优势

（1）使杭烟物流送货派单系统的应用达到国内现代物流发展同步水平。

（2）划分后的各个区域布局将更合理，地理位置相对集中，预计送货车辆数可减少 10%以上，耗油量和送货里程减少 20%左右。

（3）各条路线工作量大体平衡，可减少一线员工的工作强度，提高员工满意度，从而更好地完成工作。

（4）流程改造以后，将在信息流上真正实现访送分离。

七、案例七：吉利汽车的智慧物流体系建设

在智慧物流方面，吉利汽车以仓网统筹为基础，以信息化平台及智能设备为两大产品的战略思路，建立智慧物流体系。吉利汽车集团物流中心于 2019 年 1 月正式成立，智慧物流部于 2021 年 4 月正式组建，在汲取物流发展先进企业经验的基础上，规划完成了全国 10+19 仓点布局，目前已经展开仓点部署。与此同时，吉利不断尝试和应用各类智慧物流技术和手段，加速试点应用与复制推广，形成了多样化的智慧物流场景。

1. 多样化智慧物流场景

吉利汽车在全国有 18 个整车工厂、8 个动力基地，还有一些座椅工厂，电池、电控、电动机三电工厂，以及其他零部件工厂，分布在长三角、京津冀、川渝，以及华南等地，同时全国还拥有近 30 个仓储物流中心。近年来，吉利汽车在先试点再推广的探索路径下构建了很多先进适用的智慧物流场景，这些项目多数已经在吉利汽车工厂、

仓储、物流中心落地运营。

（1）货到人。货到人智慧物流项目已经在吉利汽车部分工厂正式落地。

在汽车工厂超市区，拣料人员多，走动距离产生大量非增值动作，吉利汽车利用AGV实现了自动化物流收发存，提高了运营效率。超市区的物料种类繁多，可通过IWMS（智慧仓库管理系统）软件实现数据互通，做到实时反馈，智能运维，让生产运营管理水平进一步提升。库区设置为动态库存，减少大量重复性规划工作，通过智能系统实现动态库存，让物料存储更柔性、敏捷化。货到人IWMS以箱二维码承载和传递物料信息，在服务器高速运算逻辑下，大幅提升物料入库、出库效率。利用二维码导航技术，货到人区域出入库准确率达到100%，上线后实现整体效率水平提升20%以上。

吉利汽车部分工厂的货到人智慧物流仓库如图4-13所示。

图4-13 吉利汽车部分工厂的货到人智慧物流仓库

（2）线边无人配送。吉利汽车焊装车间应用AGV实现了无人化线边配送，且可实现无灯作业，大大提升了线边配送效率与质量，同时还降低了能耗。

AGV自动化配送实现系统软件数据联通，打通上下游业务信息流，线边物料信息直接回传到拣货叉车司机终端，由AGV将空器具返回至代发点，并将拣配完成的满托零配件送至线边。系统复杂的调度算法可为机器人选择最优配送路线，降低产线停线风险，通过系统校验功能，可避免错漏配情况发生，降低作业强度，同时让配送质量大幅度提升。

（3）智能装载。在吉利汽车零部件包装与装车作业环节，应用智能装载系统自动生成装载方案。

零部件装载率直接关系物流成本，传统模式下都是人工根据大不压小、重不压轻等原则来核算料箱内零部件的摆放，并制定最终装车方案，经过大量人工核算也未必能达到装载率最优，效率最高，而智能装载软件能够自动计算并生成最优装载方案，装载率、应用效率和可视化均得到大幅提升。

2. 春晓 KD 智慧车间

提到数字化工厂与智慧车间内的智慧物流体系建设与应用，吉利汽车有散装零部件出口海外业务（KD 业务），这些零部件需要在国内进行翻包作业。考虑到产量提升、降低车间工作强度等迫切需求，2019 年，吉利汽车综合财力、人力、物力，引进智能设备的方案，自主开发系统，开启了对春晓 KD 车间的智能化、数字化改造。数字化应用不仅可实现各环节大数据分析，还能实现各部门之间的信息协同。

（1）智慧物流设备应用。车间内采用智能 AGV 拣选物料，打破了传统人工拣配物料的方式，实现从“人找货”到“货到人”的模式创新，解决了传统模式的找货难、找货时间长、货物盘点复杂难题，做到了生产的过程监控，账务 100%的准确率。

除了 AGV 货到人拣选场景外，车间内还使用了大量智能穿戴设备。智能穿戴设备可以实时采集人员效率、机器行驶路径等系列数据，通过数据采集与分析，不断优化机器运行路径，提高人员作业效率。

KD 车间货到人出库拣选作业如图 4-14 所示。

图 4-14　KD 车间货到人出库拣选作业

（2）数字化物流系统

1）自主开发的执行系统。在原来的作业环节中，从任务下发到进度的管控，以及到缺件补货记录，都是手工完成的。对此，吉利汽车自主开发执行系统，实现了春晓 KD 车间所有执行环节的智能记录和自动管控。

2）物流运作监控系统。通过监控客户端，管理者可对无人仓内 AGV 运作状态实施监控，从而形成实时动态仿真。系统具备无人仓内效率统计、智能监控和优化、信息业务智联、数据化等功能，能将事后分析升级为事中监控和事前预警。

3）物流运营系统。物料运营系统具有自动化指标检测和告警、批量集中部署配置、软件版本管理、高效日志分析等功能，帮助管理者及时发现和解决问题，提升交付和运维效率，为业务平台提供有力的后台保障。系统具有告警处理、状态监控、系统维护、日志分析、知识库和系统管理功能，帮助管理者更高效快捷地监测软件和处理问题。

3. “数字化+低碳化”迎未来

（1）数字化方面

1）做好数据采集，全面采集基础数据。

2）推进物流软件的敏捷化开发。当前阶段软件开发属于无代码开发，但基本是通过 IT 人员进行开发，而未来，希望让业务人员也能在软件应用系统中进行快速开发。

3）在数据分析层，当前大部分功能还处于辅助分析决策阶段，今后将会朝着 AI 自主分析、自主决策、自主调整的方向努力，实现运营最优。

（2）低碳化方面。根据碳达峰、碳中和时间表，吉利汽车制订了两个蓝色行动计划，既保留在智能化节能与新能源汽车领域的优势，又开拓智能化纯电动汽车新局面。在物流方面，吉利汽车在短距离运输中积极尝试应用电动卡车，并围绕“产绿电、用绿电”进行布局。目前，吉利汽车在全国有超过 100 万平方米的仓储面积，吉利汽车对这些仓储网点进行布局优化，不断植入绿色概念，大力发展绿色物流园区，构建自产自足的绿色生态园区（见图 4-15）。在不久的将来，吉利汽车将在物流业务中实现“产绿电、用绿电”的良性循环体系。

图 4-15　自产自足的绿色生态园区

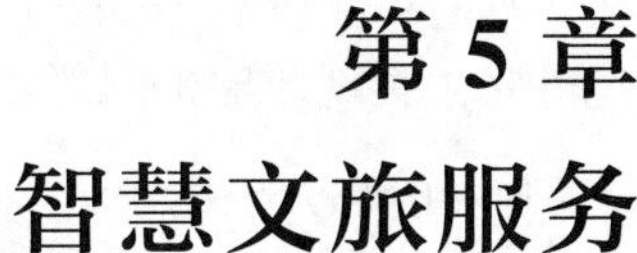

第 5 章 智慧文旅服务

第 1 节　智慧文旅服务概述

一、智慧文旅简介

1. 智慧文旅的概念

智慧文旅即智慧文化旅游，其以当地特色文化元素核心为内在驱动，运用新一代信息网络技术和设备，新建文化旅游基础设施，改变特色文化传播方式，达到旅游景区全面智慧升级的最终目的。

2. 智慧文旅的建设内容

智慧文旅的建设内容包括三个方面。

（1）面向游客的创新文旅体验与消费服务的智慧化，即 TOC（面向个人游客）业务。推动文化旅游资源与多样化、个性化市场需求的高效对接，实现精准的线上线下无缝服务与深度文化体验等实时、互动、个性化服务，大大提升游客体验，推动传统的旅游观光消费方式向现代文化旅游体验消费方式转变。

（2）面向企业的文旅服务与产品的智慧化，即 TOB（面向企业客户）业务。包含智慧景区、智慧游乐、智慧导游、智慧文娱、智慧文博、虚拟旅游、在线旅游、个性化在线定制、大数据精准营销、智慧移动出行、智慧住宿等全方位的服务。

（3）面向政府与行业管理的智慧化，即 TOG（面向政府）业务。包含景区动态监测、信息监管、大数据统计分析、景区人流引导、安全预警等内容，全面了解行业与游客需求、旅游目的地动态、投诉建议等内容，推动传统旅游管理方式向现代管理方式转变，实现政府的科学决策与管理。

3. 智慧文旅的意义

（1）通过智慧系统充分、准确、及时感知和使用各类旅游信息，从而实现旅游服务、旅游管理、旅游营销、旅游体验的智能化，促进文化旅游业态向综合性和融合型转型提升。

（2）在信息化时代，旅游者对于旅游体验和旅游信息服务的要求逐步提高，这也是智慧文旅发展的内在需求。

4. 智慧文旅的核心内容

智慧文旅的核心内容有生态、智慧、文化三大方面。

（1）生态。在景区中使用太阳能电瓶车，省去了充电桩的建设费用，并且对于景区环境不会造成破坏。太阳能也可以应用在景区发电上，在景区供暖上可以采用地源热泵进行供暖。地源热泵在提高能源效率的同时，可减少环境污染。

（2）智慧。运用高科技产品，实现智慧服务。依托云计算、大数据、5G 技术等现代化信息技术，以移动终端应用为核心，感知互动等高效信息服务为特征，搭建智慧化体系，为游客提供高效便捷的旅游信息化服务的产品。

依托智慧景区所提供的大数据分析，能更有效地从运营管理、服务质量、游客需求等多个维度帮助景区抓取核心问题，大幅提升景区在市场上的竞争能力。

大数据技术可以帮助游客和景区绘制景区内精准的基础地图数据，帮助游客和景区进行拥堵、排队等人流、车流大数据采集，分析基于位置的大数据，帮助景区进行实时活动信息、地址信息变更等在线数据管理。

（3）文化。文化与旅游历来水乳交融、密不可分、相辅相成，存在着天然的耦合性。文化旅游作为一种以富含文化内涵的目的地为客体的综合性旅游活动，具有民族性、艺术性、神秘性、多样性、互动性等特征。景区的建设离不开地区深厚的历史文化，而地区独有的文化特色也离不开景区的发掘。文化是旅游之魂，旅游是展示和传承文化的一种重要形式。

智慧文旅以文化为核心，利用具有特色性、多样性、民族性、艺术性的文化底蕴吸引游客，让游客感受文化内涵和参与旅游体验活动，记忆深刻，进行更好传播。

一个旅游目的地的文化挖掘和文化建设是极其重要的，只有充分重视旅游产品的文化性，挖掘其文化内涵，展示其文化特色，提高其文化品位和文化含量，才能吸引游客，带来文旅的蓬勃发展。

二、智慧旅游简介

1. 智慧旅游的概念

智慧旅游又称智能旅游，是智慧文旅的表现形式，就是利用云计算、物联网等新技术，通过互联网，借助便携终端上网设备，主动感知旅游资源、旅游经济、旅游活动、游客等方面的信息，及时发布，让人们能够及时了解这些信息，及时安排和调整工作与旅游计划，从而达到对各类旅游信息智能感知、方便利用的效果。

智慧旅游的建设与发展最终将体现在旅游体验、旅游管理、旅游服务和旅游营销四个层面。

在智慧服务方面，VR、AR 等技术的渗透更能满足游客的多元化、个性化需求。通过虚拟现实、仿真技术、轨道动感交通等技术，颠覆现有体验模式。如深圳欢乐谷开启 5G+主题乐园的模式，逐渐实施园内自动驾驶、随车智能导览播报、智能机器人、体验式导览等。

2. 智慧旅游的服务功能

从游客角度出发，智慧旅游主要包括导航、导游、导览和导购（以下简称四导）四个基本功能。

（1）导航。将位置服务加入旅游信息中，让游客能随时知道自己的位置。确定位置有许多种方法，如 RFID 定位、基站定位、Wi-Fi 定位、GPS 导航、地标定位等，未来还会有图像识别定位。其中，RFID 定位和 GPS 导航能获得精准的位置。但 RFID 定位需要布设很多识别器，还需要在移动终端（如手机）上安装 RFID 芯片，离实际应用还有很大的距离。GPS 导航应用则要简单得多，一般智能手机上都有 GPS 导航模块，使用外接的蓝牙、USB 接口的 GPS 导航模块，就可以让笔记本计算机、平板计算机具备导航功能，有些计算机内置 GPS 导航模块。GPS 导航模块接入计算机，可以将互联网和 GPS 导航完美地结合起来，进行移动互联网导航。

传统的导航仪无法做到及时更新，更无法查找大量的最新信息；而互联网则信息量大，但无法导航。

智慧旅游将导航和互联网整合在一个界面上，地图来源于互联网，而不是存储在终端上，无须经常对地图进行更新。当 GPS 确定位置后，最新信息将通过互联网主动弹出，如交通拥堵状况、交通管制、交通事故、限行、停车场及车位状况等，并可查找其他相关信息。与互联网相结合是导航产业未来的发展趋势。通过外接或内置的

GPS 设备或模块，人们可用已经连上互联网的平板计算机，在移动中的汽车上进行导航，位置信息、地图信息和网络信息都能显示在一个界面上。随着位置的变化，各种信息及时更新，并主动显示在网页和地图上，体现了直接、主动、及时和方便的特征。

（2）导游。在确定位置的同时，网页和地图上会主动显示周边的旅游信息，包括景点、酒店、餐馆、娱乐设施、车站、活动（地点）、朋友或旅游团友等的位置和大概信息，如景点的级别、主要描述，酒店的星级、价格范围、剩余房间数，活动（演唱会、体育运动、电影）的地点、时间、价格范围，餐馆的口味、人均消费水平、优惠信息等。

智慧旅游还支持在非导航状态下查找任意位置的周边信息，拖动地图即可在地图上看到这些信息。周边的范围大小不仅可以随地图窗口的大小自动调节，也可以根据游客的兴趣点（如景点、某个朋友的位置）规划行走路线。

（3）导览。点击（触摸）感兴趣的对象（景点、酒店、餐馆、娱乐设施、车站、活动等），可以获得关于兴趣点的位置、文字、图片、视频、使用者的评价等信息，以便深入了解兴趣点的详细情况，供游客决定是否需要它。

我国许多旅游景点规定不许导游高声讲解，而采用数字导览设备，如故宫，就需要游客租用这类设备。而智慧旅游就像一个自助导游，比普通导游有更多的信息来源，如文字、图片、视频和 3D 虚拟现实，戴上耳机就能让手机、平板计算机替代数字导览设备的基本功能而无须再租用这类设备了。

导览功能还将建设一个虚拟的旅行模块，只要提交起点和终点的位置，即可获得最佳路线建议，推荐景点和酒店，提供沿途主要的景点、酒店、餐馆、娱乐设施、车站、活动等资料。如果认可某条线路，则可以将资料打印出来，或储存在系统里随时调用。

（4）导购。经过全面而深入的在线了解和分析，游客已经大致确定了自己的需要，此时就可以直接在线预订客房或机票等，只要在网页上自己感兴趣的对象旁点击“预订”按钮，即可进入预订模块。

3. 智慧旅游建设的意义

智慧旅游建设对做好游客服务、企业服务、主管单位服务有积极意义，能提高旅游业务的综合管理和运营能力，创建优质的旅游生态环境，提升旅游的服务品质，进而推动景区旅游经济的快速、健康发展。

（1）智慧旅游建设可将旅游带动地区经济发展所涵盖的六大元素（吃、住、行、游、购、娱）进行有序的整合，为游客提供便捷的服务，使旅游经济效应最大化。

(2) 智慧旅游建设可提高旅游生态环境检测和保护的能力，提高对游客及工作人员的安全检测和保护能力，提高景区综合管理监控能力，提高旅游业务的营销和服务能力。

(3) 智慧旅游建设可使街区商家经营与旅游内容更有效地结合，拓展街区商家的营销宣传渠道，为其发展创造更多机会。

智慧旅游可提高旅游业技术含量，加大旅游产品的增值服务能力，从提升行业人才结构、增强游客旅游体验等方面更好地体现现代服务业的优势，从而达到建设人民群众更加满意的现代服务业的要求。

智慧旅游是未来旅游行业加快“互联网+”、发展“未来旅游”的重要方式。智慧旅游顺应时代发展的要求，是未来行业的发展趋势，是促进现代服务业发展的重要契机。

三、实施智慧旅游的方式

1. 智慧无障碍体验功能

旅游景点应具有发达的交通基础设施，使所有人都可以来旅游。例如，设置轮椅通道、残疾人专用的电梯或坡道，提供多语言信息服务等。

2. 旅游业可持续发展措施

减少碳排放，采用环保的方法。目前，世界各地有许多生态酒店和度假村，将餐饮环境与山水园林相结合，强调人与自然以及人与人之间的协调发展。

3. 智慧旅游信息共享

智慧旅游信息共享以旅游数据中心为建设核心，进一步强化资源整合，促进互联互通、信息共享和业务协同，逐步打通吃、住、行、游、购、娱相关产业要素，更好地满足游客服务需求、企业营销需求、政府管理需求。利用 GIS、GPS 等技术，将旅游中的吃、住、行、游、购、娱，以及相关联的各种信息综合反映到一张地图上，构建智慧旅游资源全方位、立体化、动态化、自动化的空间布局体系。

4. 采用智慧旅游研究和管理工具

如可定制旅游流量监控器或开发定制的客户管理系统。有的旅游城市推出了停车应用程序，以帮助游客更有效地停车并减少交通拥堵。

一些景点正在采用创新技术来增强游客的旅游体验，如掌上景点 APP，打开应用程序能快速获取身边的旅游服务信息或者 AR 旅游景区。

四、智慧旅游管理系统

1. AR 地图服务系统

以 AR 增强现实景区精细化二维、三维为切入点，基于地图 API（application programming interface，应用程序编程接口）、SDK（software development kit，软件开发工具包）等构建景区在线地图服务系统，包括地图的数据采集、数据集成，以及数据发布等功能。

2. Wi-Fi 室内外导航系统

系统主要包括景区电子地图浏览、POI（point of interest，兴趣点）查询、路径规划，实时动态定位和移动导航、语音导航等功能。Wi-Fi 室内外导航系统可以处理突发事件数据、临时事件数据（道路施工等）、实时路况、智能导航，以及客流疏导路线规划、用户终端和景区管理平台事项。

3. AR 导览系统

基于客流定位、轨迹分析、客流统计等新技术应用，使游客通过智能终端设备在旅游中享受导览、导游等全方位服务。

根据客户需求进行内容定制，以现代化移动交互手段，通过三维场景和移动交互的形式，载以人文信息、景观介绍、展品讲解等内容，从而进行宏观导航和微观游览。

把景区和陈列展示的物品图文并茂地表现出来，使观众在边看边听中汲取知识，了解内涵，感受文化。

4. 智慧旅游营销系统

以实现推广区域旅游为目的，通过网络媒体矩阵一键发布，形成以旅游线路、土特产、酒店、景区票务等为主的预订服务及旅游信息查询服务，同时提供各种营销活动支撑平台，以此引入客流。通过计算机、手机、查询机等有机结合，利用线上、线下全方位的推广手段，增加游客黏性，实现景区精准营销，从而实现景区引流增收。

5. 智能景区售检票系统

通过旅行社、景区窗口、小程序、门户网站、在线旅游等渠道，实现景区门票的售、检、验、退流程的智能化管理，提高工作效率，提升服务质量。

6. 智慧旅游景区消费系统

对各类电子支付统一报表，统一结算，解决智慧景区建设的二次消费信息化问题。

7. 智能景区综合管理业务系统

为所有系统提供基础管理，实现云服务中心线上、线下业务的统一管理，实现用户一体化、应用集中化、授权便携化、接口生态化。系统主要包括用户中心、应用中心、授权中心和生态化 API 接口。

8. 智能景区大数据运行系统

通过整合统计分析数据，实现大数据应用，为数据展现、领导决策提供数据支撑，建立完善的数据存储、管控及安全标准，对接外部数据、旅游电商数据，接入自有业务系统统计与业务数据，为智慧景区建设提供有效的数据支撑。

五、人工智能与智慧旅游

要想把旅游产业做强，使旅游产业快速健康发展，就必须依靠现代科技的力量，采用一种低成本、高效率的联合服务模式，用网络把涉及旅游的各个要素联系起来，从而为游客提供智慧化的旅游服务，为旅游企业提供更高效的营销平台和广阔的客源市场，为管理部门提供智能化的管理手段。

随着人工智能的不断普及，其应用在日常生活中也越来越广泛。从人脸识别到语音助手，从智能服务提升工作效率到多场景交互应用改变人类生活，人工智能已经逐渐渗透到各行各业，并且发展出很多新模式。人工智能机器人能够按照人的指令完成各种复杂的工作，如人机交互、服务、问询、数据采集、巡逻等工作，而且能与人共同协作完成任务，在不同领域有着广泛的应用。

在人机交互中，智能讲解机器人能够基于大数据建立起针对用户对话的行业和领域识别、意图识别模型，同时结合“5G 云端大脑”，轻松实现智能问答、语言推断、情感分析、语义相似度等，准确地与人进行一对一、一对多的多轮对话，为各行业提供无人值守服务。

人工智能赋能旅游业的内容如下。

1. 加速智慧旅游进程

时至今日，旅游早已成为人们的一种个性化需求，走马观花似的传统旅游已慢慢淘汰，唯有技术创新，提供人性化服务才能跟上时代潮流。个性化、品质化、智慧化已经开始成为旅游产品和服务升级的主方向。

人工智能在旅游个性化服务方面迸发出无穷的潜力，给旅游业带来翻天覆地的变化，加速推动了智慧旅游的进程。

2. 加速智慧酒店进程

在酒店服务业，人工智能机器人的使用越来越多，例如，它们会记录客人的购买行为、个性喜好、位置偏好等，同时收集客人的旅游信息为酒店今后的服务规划提供帮助。

大部分的酒店会将人工智能机器人应用在酒店服务上，如在大厅为客人提供酒店引导、疑难解答等个性化服务，引领有需要的客人前往公共区域卫生间、会议室、健身房等场所。提供客房服务，为客房运送物品，如浴巾、吹风机、客房用餐等，这些自动化程度高的工作，人工智能机器人都能应对自如。

越来越人性化的人工智能机器人不仅为酒店节省大量人力成本，随时随地地满足客人的不同需求，还能够大量节约客人时间，给客人带来很好的科技体验，提高酒店服务满意度。

3. 走进航空服务业

在航空服务业，人工智能可以通过人脸识别，为旅客办理值机手续。同时，还可以通过人工智能技术提供以会话方式进行的查询和预订，并将办理登机牌、通知登机口变更，以及其他航班出行信息发送至旅客手机。

2019 年，北京大兴国际机场启用了人工智能服务机器人，实现了智能语音识别。该机器人具有高度拟人化的设计，可以像人一样灵活自由运动，在行走过程中，能主动感知周边环境，实现智能避障。这些交互式的机器人作为服务体验系统中的一环，提供接待迎宾、信息查询、路径指引、业务咨询、音视频播放等服务。

人工智能服务机器人在航空领域的应用，提高了大众对于服务机器人的应用认知。在这一背景下，机场和航空公司都需要认真考虑加快机器人的应用。

4. 助力景区服务业

随着现代化的不断推进，大部分人开始厌倦传统的旅游模式，游客希望在景区游览中得到更贴心的服务，获得更多新奇的体验。提高服务质量更是成了智慧景区建设的核心。

因此，在景区服务业中，导游智能机器人的出现不仅可以吸引众多游客的目光，而且能够在很大程度上取代传统的导游人员，智能机器人的“大脑”内置了游览路线和丰富的景点信息，并且拥有语音处理系统，屏幕上还能同步展示视频或图片进行解说。

导游智能机器人可爱的表情、主动问询和智能互动的能力，不仅让景区多了一个高人气的“同框对象”，还为来到这里的游客带来了与众不同的智慧服务体验。

导游智能机器人还能在门票购买及入园体验方面玩出与众不同的“新花样”。游客通过机器人屏幕进行购票，可以快速进入景区游玩，大大减少了排队购票的时间，也解决了景区在管理上的一些难题。

除了实现无人导游、导览，不同类型的人工智能设备还能提供景区的安全保障。它们有的可以拍摄景区内游客的安全情况，有的可以收集地面信息为安全隐患提供警报，还有的可以通过传感器预防火灾的发生。

这种人工智能与实现交互的数字化程序设计，在提升游客服务体验之外，还能带动游客自主参与对旅游景区的探索，以人工智能互动的方式增强游客的参与感，让游客对景区产生黏性。

5. 升级艺术展厅服务

一直以来，低互动性导致的观展兴趣低下、参观者对展厅信息的了解与吸收度不足等问题是艺术展厅的发展痛点。因此，展厅接待智能机器人，将越来越成为智慧展馆设计中的流行与趋势，各类展馆对展厅接待智能机器人的青睐，也说明了展厅接待智能机器人越来越成为连接展馆与参观者的有效途径。

展厅接待智能机器人可代替展厅工作人员，执行主动迎宾、导览讲解、展厅安防巡逻、展厅高效管理等工作任务，通过物联网，可以对多媒体、大屏、空调、监控、灯光及其他开放接口的物联设备进行智能控制。机器人助力展厅改变传统服务方式，实现智能化，让参观者享受到便捷化、人性化、智能化的服务。

展厅接待智能机器人出现在展厅中，提升了艺术品讲解的便捷性和趣味性，非常符合年轻人的需求，同时也提高了展馆各方面的工作效率和服务质量，增加了展厅科技感。

6. 提升博物馆服务

传统博物馆一般提供参观者视、听两方面的体验，而引进智能机器人的博物馆，能够结合场景需求，让博物馆的环境和展品随着讲解的进程不断发生变化，把单一的讲解变成多维度的，有声音、图片、视频辅助的讲解，真正让参观者感受到“沉浸式体验”。

在博物馆的前厅，智能机器人可以实现迎宾接待的服务工作，引领观众到达指定的展厅位置，并能随时随地提供咨询和展品讲解服务。

智能机器人还可在博物馆展厅内设置多条参观路线，实现参观者边参观、机器人边讲解的功能。在讲解过程中，观众有疑问可随时与机器人互动。机器人回答参观者提问的同时还能展示视频或图片进行解说。

六、智能设备与智慧景区

1. 智慧景区简介

智慧景区基于新一代信息技术，从满足游客个性化需求出发，提供方便、快捷、满意度高的服务。它可对游客及景区工作人员实现可视化管理，实现景区的智能化运营、精细化营销，实现景区客户管理、景区环境和经济等方面的全面互联互通、低碳可持续发展。其目的是满足游客游玩体验和解决景区管理中遇到的问题。

智慧景区的建设是对景区硬实力和软实力的全面提升，其建设路径主要由信息化建设、学习型组织创建、业务流程优化、战略联盟和危机管理构成。信息化建设和业务流程优化能够帮助景区实现更透彻的感知和更广泛的互联互通，提高管理的效率和游客满意度；创建学习型组织和战略联盟有利于提高景区管理团队的创新能力，培养景区企业的核心竞争力。

2. 智慧景区建设的意义

（1）注重游客体验，提升企业经营能力，实现旅游产业的可持续发展。智慧旅游以融合的信息技术为基础，以游客互动体验为中心，以一体化的行业信息管理为保障，以激励产业创新、促进产业结构升级为特色，其核心是以游客为本、网络支撑、感知互动和高效服务，旨在通过信息技术和旅游服务、旅游管理、旅游营销的融合，使旅游资源和社会资源得到系统化整合和深度开发应用，服务于政府、企业、游客等的旅游发展形态，并结合社会公共服务和现代企业管理理念，注重游客体验，提升企业经营能力和政府公共服务能力，促使生态、文化、社会和经济的综合价值最大化，实现旅游产业的可持续发展。

（2）智慧化建设是智慧旅游健康发展的原动力。智慧旅游系统作为信息时代和互联网时代的产物，是深入贯彻落实科学发展观的重要体现。无论是自然资源丰富的景区还是历史文化厚重的景区，或者是现代主题鲜明的景区，资源经营、接待能力提升、安全监控，以及游览服务辅助的技术应用一直是智慧景区力求完善的方面。

建设智慧景区对于推进智慧旅游整体建设，推进信息技术与旅游业的融合，加快旅游业管理现代化和国际化进程，实现整个旅游产业更好更快发展具有重要意义。

3. 智慧景区的特点

（1）实时感知。利用智能监控设备和智能售检票设备，实时感知景区内各景点的运营情况，对景区流量进行控制，同时保障景区内人、物、财的安全。通过互联网和智能体验终端，游客可获得景区资讯、实时实景体验等。

（2）互通互联。以智慧景区系统为“大脑”，对多个系统和硬件设备进行互联互通，可实现旅游行业管理系统与旅游景区、酒店、旅行社、旅游车船，以及餐饮、商场、娱乐场所经营系统的各种资讯和商务数据的共享与智能交互。

（3）导引功能。根据游客年龄、性别、爱好等的不同，推荐个性化游玩路线。提供车流量信息、最近停车场及空余车位信息，并进行路线导引。游客在游玩中可通过自助导游实现景区自助导览，目的地线路优化与导航，酒店、餐饮、购物、娱乐等消费导览，以及景区景观的信息自动推送和自助语音导游。

（4）数据分析。对订单进行查询、对账，对票务销售渠道和票类数据进行统计分析。通过实时的数据分析，可对客流量、车流量等数据进行预测。对历史数据的分析，可为景区升级和营销策略提供数据支撑。

七、人工智能与智慧酒店

1. 人工智能应用于酒店的优势

（1）人工智能将通过最精准的运算能力和平台优势，帮助酒店实现精准决策、精准服务、精准营销、精准管理，将成为传统收益管理的核心技术支撑，并促进收益管理方法的改革。

（2）人工智能可以帮助酒店实施差异化、个性化服务，可提高运营效率、服务质量、宾客满意度，并且可使酒店管理更加科学化、精细化，还可通过对客源进行类比分析，推动产品创新。

2. 人工智能应用于酒店的制约因素

人工智能发展速度惊人，但其在酒店的应用仍有较多制约因素。

（1）数据有限。数据与知识是发展人工智能的基础要素，依托于智能设备、物联网、移动互联网、云计算等基础应用建立起来的多维度大数据知识平台，将使酒店人工智能变得越来越强大，具有感知、认知能力的酒店服务运营将变得更加精准、更具智慧。但是，目前，酒店自身数据非常有限，甚至大部分酒店集团都没有大数据技术积累，即使是个别有数据技术积累的酒店集团，数据维度和数据结构都缺少战略性的规划。

（2）高额的改造成本。目前智能技术依然处于快速发展阶段，技术尚不成熟，如果酒店选择全面应用智能技术，不但要在前期支付额外的费用，还必须在后期投入大量资金用于技术升级和设备更新。但是如果只加入少数智能设施，则可能无法吸引顾客，反被视为营销的噱头。智能酒店的关键最终仍要体现在客户体验上。

（3）人工智能尚不成熟。从技术水平上看，目前还处于弱人工智能阶段，能够实现的功能比较有限。

八、智慧旅游服务平台

1. 智慧旅游服务平台的含义

智慧旅游服务平台基于先进的可视化管理系统，配备后端综合管理平台，整合了智慧旅游管理、智慧旅游营销、智慧旅游服务、智慧旅游保护等核心模块，依托云计算数据中心，通过对视频管理平台报表数据、售检票数据、客流数据、智能化监控数据等大数据的汇总，解决了当前旅游行业普遍存在的前端与后台分离、人流数据与后台管理分离及数据失真等问题，使旅游资源和信息资源得到高度整合，达到综合管理和集中控制的目的，如图 5-1 所示。

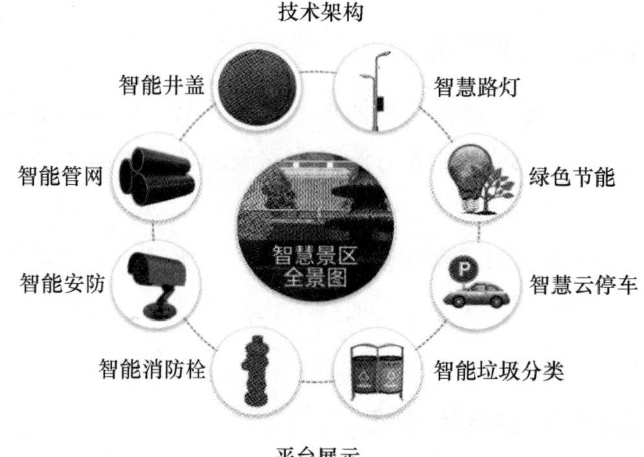

图 5-1　智慧旅游服务平台

2. 智慧旅游服务平台的内容

智慧旅游服务平台主要包含数字化板块、智慧地图板块、工具功能板块、平台赋能板块、智慧服务板块等，为游客提供一键游览、一键预约、一键导航、一键美食等服务，同时还能查询各个景区的游玩攻略、美食攻略，实时了解景区天气、游客数量等数据，为游客游前、游中、游后提供全方位一站式优质服务，实现一部手机畅游景区。

3. 智慧旅游服务平台建设的意义

智慧旅游服务平台的上线，可以链接同程的优质资源，实现精准营销和平台导流，全面推进数字化景区、数字化文化、数字化管理建设，推动智慧旅游产业发展，打造独具特色的文旅新名片。

（1）精准营销。以文化旅游数据为基础进行精准营销、互动营销。

（2）智慧服务。全方位便捷服务，提升旅游体验。

（3）智慧管理。辅助科学决策，实现科学管理。

（4）智慧运营。提升运营效率，打造金牌文旅。

智慧旅游已是大势所趋。无论是从城市与目的地的智慧化管理，还是从区域资源信息的采集、整合、利用，或从行业的互助、市场主体等方面看，智慧旅游均起到越来越重要的作用。

从政府方面来说，智慧旅游能够辅助政府对市场进行监测与协调，提高公共服务的水平与能力；从游客角度而言，智慧旅游让出游的各环节更便捷，给游客提供决策支持，更好地服务游客。

智慧旅游服务平台还融合了通信与信息技术、物联网技术、大数据技术，实现了游客互动体验和网络实时互动，让旅游过程进入人工智能时代，从而极大地改善旅游体验和提高旅游质量，这是人工智能技术在智慧旅游中应用的一次历史性突破。

第 2 节　智慧文旅服务应用场景

一、智慧旅游应用场景

1. 中端消费市场的机会

通常，新兴技术首先影响的是高端消费市场，如制造最新功能的汽车、电子产品和时尚产品。但旅游业不同，受新兴技术影响最大的是中端消费市场。当人工智能工具带来更多的个性化和人性化服务弥补了中端消费市场的不足后，预算有限的客户将更倾向于选择中端消费，而高端消费市场的商家将想方设法证明其自身的高溢价是值得的。

2. 旅游巨头公司的奈飞效应

奈飞公司（Netflix）是北美最大的流媒体供应商，而所谓奈飞效应，来源于奈飞公司的网上观影模式在很短时间内摧毁了几乎整个北美租碟行业，导致巨大变化的作用力。拥有庞大数据量的巨头公司，如媒体界的奈飞、电子商务领域的亚马逊、旅游业如美国的缤客（Booking. com）和中国的携程，它们的数据库将向客户提供更加个性化的产品，并以滚雪球的方式获取更多的数据。

3. AI 旅行社的崛起

旅行社采用旅游即服务的商业模式，根据客户的预算、出游日期和爱好等提供旅游产品和服务，如在为爱好探险的客户提供露营、徒步旅行活动的同时，推荐相关的旅游装备等。这无疑为旅游业带来了新的商机。

二、智慧景区应用场景

在发展智慧旅游的过程中，智慧景区的建设是提升游客出游体验、推进旅游公共服务提档升级的重要一环。游客的体验如何是对景区管理智慧化、人性化程度的一种检验。

1. 游客基于智慧景区的出游场景

（1）出发前，游客可在线上了解景区的特色娱乐项目，通过网上预订或直接购票、订酒店，还能提前了解景区的在园人数以及景区实时动态。

（2）到景区后，游客被引导至空余车位，并可以直接刷身份证或扫码入园，或在自助取票机上取纸质票。入园后，游客可以打开手机或扫码，边听线上语音导览介绍边游览景区，还可以用手机快速租赁自行车等景区设施。

（3）结束游玩后，游客可使用移动终端支付停车费，也可给景区留言，反馈信息。

智慧景区解决方案能极大地帮助景区提高服务水平，让游客体验更智慧、更便捷、更美好的旅游生活。各地景区需要了解开发智慧景区所带来的机遇，从而为景区制定合理的发展规划。

2. 智慧景区应用场景的功能

智慧景区的应用场景很多，典型场景如下。

（1）入园统计。入园统计包括网络订票、现场购票、出园人次等，景区可将智能监控设备和人脸识别的数据接入可视化系统，实现主动式安防。运维人员可时刻关注可视化系统内的游客数据，将园区游客数控制在合理范围，满足运维人员对场景进行实时态势感知、历史数据回溯比对、应急处理等需求。

（2）停车引导。随着自驾游的增加，旅游景区停车矛盾日益显现，景区环境也变得越发混乱，车辆逆行、乱停乱放现象随处可见。景区智能停车引导系统能够有效解决景区车多位少、无序停车等难题，规范停车管理，维护停车秩序，满足旅游停车需求，如图 5-2 所示。

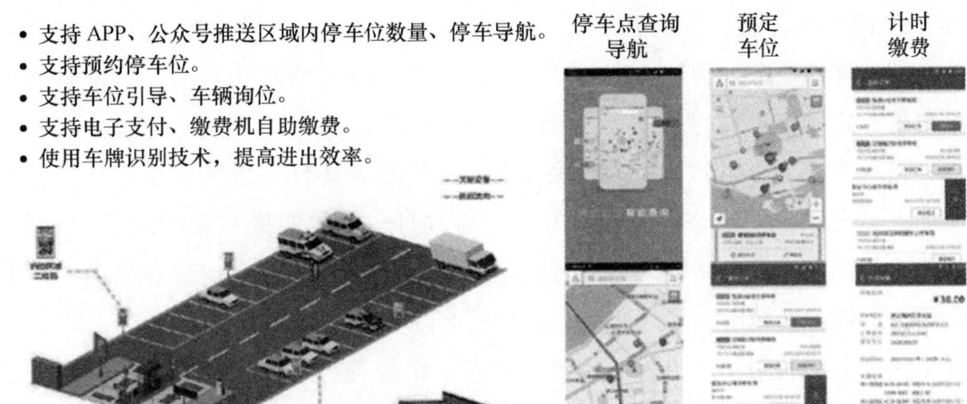

图 5-2 景区智能停车引导系统

（3）智慧路灯管理。智慧路灯集成了物联网、边缘计算和无线通信技术，路灯杆具有“多杆合一”的优势，能够对景区的资源环境、基础设施、游客活动等因素进行全面精细化的感知与管理，提高景区服务能力和运营水平。景区智慧路灯管理系统如图 5-3 所示。

图 5-3 景区智慧路灯管理系统

（4）厕所引导。游客在智慧景区内，可知晓公共厕所的人流量情况，知道排队人数。人工智能系统可统计男厕、女厕、无障碍厕所使用人次，各区域的厕所负载等数据，提升游客使用厕所的体验。

（5）实际入园人次统计分析。实现日均入园人次的同比、环比、实时数据展示。图形化的手段清晰有效地将数据信息进行解读和传达，帮助景区发现其中的规律和特征，挖掘数据背后的价值。

（6）各出入口附近公交压力统计。统计景区附近公交情况，便于游客出行。

（7）今日事件处理。已处理、待派发、已寻着、待出警等事件的统计可评估景区管理人员的绩效，优化人员管理。

（8）投诉原因分析。动态图展示导游服务状态、导游违规、交通问题、设施问题、旅行团违规的次数。利用丰富的图表、图形和设计元素将相对复杂、抽象的数据通过可视的方式以更直观的形式展现，便于景区管理。

（9）热力图显示。景区内的客流密集程度越高，群体性事件的发生率越高，密集的客流加大了安保、服务等管理上的困难。通过对多个智能摄像头的图像识别分析，人工智能系统能形成一个完整的景区客流热力图。显示景区某个地方客流集中情况及拥挤程度，如红色区域游客聚集，绿色区域游客较少。

客流密度分析利用先进的目标检测、识别、跟踪等技术统计游客的数量和密度等特征指标，监测公共场所中游客的安全，帮助景区掌握准确的游客密度数据和变化趋势，从而进行合理的安保管理。可视化监控形式助力进行客流监控，建立客流预警机制，对超出景区承载力的客流进行有效引导和疏散，提前考虑客流疏散路线。

（10）无人机巡检。无人机应用于景区的巡查和管理，作为智慧景区的空中移动节点，是传统地面监测系统向三维立体空间的延展，它能助力景区管理立体升维发展，空地结合构建新型智慧景区管理模式。景区无人机巡检系统如图 5-4 所示。

图 5-4 景区无人机巡检系统

（11）疏散模拟。景区设置动态箭头指向逃生出口方向，可模拟多条疏散路线并预测时间，测算出最佳逃生路线。景区具有人员密集度高、地形复杂等特点，将真实的疏散环境和疏散情况进行还原，与景区真实情况切合度高。因此，在实际逃生中，能够有效提高游客逃生效率。

三、智慧酒店应用场景

1. 服务机器人

目前，酒店行业应用的服务机器人主要有迎宾引导机器人、自助入住机器人、客房情感机器人、自主运送物品机器人、安防巡逻机器人、商品售卖机器人、自助行李存取机器人、餐厅服务机器人、清洁服务机器人等。服务机器人的应用将大幅降低酒店人力成本。

例如，清洁服务机器人可以用于地面清洁：通过楼层自主导航，根据路径规划，自主到达各个楼层，对各个楼层实施自主清扫、自动避障；运用水清洗方式清扫地面，实时回收污水，确保地面干净整洁；自动进行人体识别，人机对话；自动充电和自动加清水、排污水。但是，客房清洁尚需技术突破或对客房进行改造。

希尔顿酒店集团在 2016 年与 IBM 公司合作测试了机器人前台；喜达屋国际酒店集团旗下的 Aloft 品牌已开始用机器人为客房送东西；洲际酒店集团旗下的皇冠假日酒店也有运送物品功能的机器人；海航酒店集团旗下部分酒店开始使用智能机器人开展服务，而且这种智能机器人的服务更加全面，它可以为客房运送物品，如浴巾、吹风机、儿童用品、客房用餐等。机器人可以与客人简单聊天，日常问好，讨论天气，引领有需要的客人前往公共区域卫生间、会议室、健身房等场所。此外，机器人还能播报酒店的各种活动和进行促销等。

随着服务机器人和人工智能技术的不断突破与应用，酒店行业因其劳动力较密集的特点，将成为服务机器人进军的重点行业。

2. 智能安防

计算机视觉与生物特征识别技术让机器可以更准确地识别人的身份与行为，帮助酒店识别人员和进行安全监控。一是监控摄像头，增加人像识别功能，提前识别发现可疑人员，提示可疑行为动作，也可以帮助识别危险人员。二是可以利用内部摄像头，增加对员工可疑行为的识别监控，记录并标记可疑人员，并提醒后台监控人员进一步分析，起到警示作用。三是可以在酒店核心区域（如数据中心机房、客房等）增加人像识别摄像头，人员必须通过人脸识别及证件校验方可进入，同时对于所有进出人员进行人像登记，防止陌生人尾随进出相关区域，实现智能识别，达到安全防范的目标。

结合安防巡逻机器人，可进行日常巡逻、安保监控、咨询服务及环境监测等。远程控制、视频监控、智能识别、音频通话、视频存储、状态监控、任务调度、远程通信等功能可与人工服务有效补充，替代重复性、可标准化的巡逻、服务与监测工作，有效降低工作强度，节省人力成本，提高酒店安保服务质量。

3. 智能家居

智能家居是在互联网影响之下物联化的体现，与普通家居相比，智能家居不仅具有传统的居住功能，而且兼备网络通信、设备自动化功能，还提供全方位的信息交互功能，甚至能节约能源。

随着人们越来越习惯于智能家居，客人对智能化酒店住宿体验的需求越来越迫切。因此，酒店行业未来会为客房加入更多智能元素，来满足这种需求，吸引新一代的客人。目前越来越多酒店选择通过物联网将客房连接在一起，从而复制客人们在家中时享受到的智能家居体验。

希尔顿酒店集团已推出“connected room”智能酒店项目。集团表示：“我们希望能够让客户和客房‘互相理解’，让他们在进入房间时，可以通过手中的智能手机来自由控制房间内的所有设施。”

希尔顿酒店集团通过官方应用程序，让酒店的忠诚计划会员可以自由控制他们房间的照明、温度和娱乐设施，如电视播放的内容等。

万豪酒店集团也推出了自己的智能酒店客房项目，希望智能酒店客房可以预测客人的具体需求，进一步优化住宿体验。万豪酒店集团的智能酒店客房分为两种类型：全新建造的智能客房与以现有客房为基础改造而成的智能酒店客房。

全新建造的智能客房内部的智能设施种类较多，包括智能相框、智能淋浴等。客人可以调节的内容包括：光照、温度、湿度和内部的装饰等，并安装了声控系统，以及可以根据室内人数自行调节空气含氧量的传感器系统。

以现有客房为基础改造而成的智能酒店客房内的设施种类相对较少。客人可以使用电视遥控器来操纵室内的智能设施。目前只有声控、遥控器和手动控制三种操作方式。未来会推出通过手机上的万豪官方应用程序控制室内设施的功能。

希尔顿酒店集团和万豪酒店集团的智能酒店客房之间有一个共同之处，那就是为客人提供更加个人化、更加智能的住宿体验，但是在细节上却有很大区别。

除希尔顿酒店集团和万豪酒店集团外，其他酒店集团同样在利用各种新技术和渠道，加强入住体验，包括四季酒店和瑰丽酒店等。

4. 智能营销管理

参照人工智能在零售行业中的应用，酒店行业也进行了客人分析、锁定目标客人、抓取目标客人、精准推送、分析目标客人潜在需求，真正实现对每一位客人的360°全方位画像，实现精准营销。同时利用VR技术和人工智能技术，实现身临其境的互动感受。入住前的VR互动展示与入住后的VR场景体验方便客人选择。场景体验还可以嫁接产品，有助于拓展酒店消费项目。

目前，飞猪在未来酒店2.0中推出了VR选房环节，但必须是成功预订的客人才可以进入选房界面。

在场景体验方面，既可通过VR眼镜在房间里实现玩游戏或者观看，也可前往特定的VR空间。如家精选酒店内设有VR旅行视频体验，客人入住后可通过VR眼镜观看视频，体验当地人文和风景；洲际酒店集团携手HTC（宏达国际电子股份有限公司）在北京、上海和三亚的部分酒店打造专属VR空间，所有入住酒店的客人都可以在酒店的HTC Vive（虚拟现实头戴式显示器）专区体验该服务；西雅图的1000酒店（Hotel 1000）配有一款高尔夫VR，提供全球著名的50个高尔夫球场供客人自由选择体验。

5. 智能会员管理

建立会员档案，通过智能化的穿戴设备收集、传输和利用会员数据。可穿戴设备包括眼镜、手表、手环等，这些设备多配备传感器，能将人体的诸多数据，如体温、呼吸、心跳，甚至表情等一一捕捉，为后续传输及利用提供基础信息储备。数据收集后上传到云端从而汇集成大数据库，一旦到达一定规模，便可对会员的历史数据和消费习惯进行大数据的、智能化的分析，酒店便可利用数据为会员提供有针对性的、与硬件配套的软件与服务，改善和提升会员的消费体验。

四、智慧旅游服务平台应用场景

通过智慧系统充分、准确、及时感知与使用各类旅游信息，从而实现旅游服务、旅游管理、旅游营销、旅游体验的智慧化，促进文旅业态向综合性与融合性转型提升。在信息化时代，游客对旅游体验与旅游信息服务的要求逐渐提高，这也是智慧旅游发展的内在需求。

1. 智慧信息发布

运用5G、大数据、云计算、生物识别、图像采集、热力成像、数字媒体等技术，获取与旅游环境和游客体验相关的流量、气象、交通等信息，通过门户网站、公众号、小程序、微博、短视频、云直播等渠道即时发布。该场景可向游客提供实时旅游资讯服务，帮助游客了解旅游目的地综合信息，科学制订出行或游览计划。

2. 智慧预约预订

运用5G、大数据、云计算、人工智能等技术，在公众号、小程序、APP、门户网站等渠道建设票务分时预约预订模块，通过后台票务数据管理平台集中管理预订信息，实现多票种分时段预约和销售功能，动态调配游客流量。该场景可以实现线上票务预订服务，精准控制游客规模，统筹分时分区游览，科学分配服务资源，避免游客游览时间集中和空间集聚。

3. 智慧交通调度

运用物联网、5G、大数据、云计算、地理信息系统、卫星定位等技术，在旅游道路沿线安装感知、互联和控制等信息设备，实时监测和分析道路及交通工具的通行状况、分布位置等信息，科学合理调动分配旅游区域内的道路交通资源，实现旅游交通的智慧调度。该场景可优化旅游区域内的交通运输环境，提升通行效率，提升游览舒适度和安全性。

4. 智慧旅游停车

运用图像识别、卫星定位、地理信息系统、红外热成像、传感等技术，在停车场出入口处、车道、车位等处安装监控、引导、检测、收费等设备，实时监测、采集车位预约、使用等信息，通过后台数据分析和对客服务端信息推送，便利游客查询、预订、导航、停车、交费等，实现停车场优化利用。该场景可为游客停车提供精准化、便捷化服务，提升停车场管理能力和使用效率。

5. 智慧游客分流

运用5G、大数据、物联网、地理信息系统、生物识别等技术，通过视频监控、传感设备等获取特定区域即时人流密度和流向流速等数据，依托游客流量大数据平台，自动比对区域游客最大承载量，动态预测拥堵区域和时段，实时发布游客流量预警信息，及时告知游客调整游览线路，科学疏导分流。该场景可实时监控游客流量，有效疏导拥堵，提高游览舒适度和安全性。

6. 智慧导览讲解

运用5G、大数据、人工智能、VR、蓝牙、基于位置的服务等技术，通过自动定位、景观识别、近距离感知、人机交互、多媒体展示等功能，采取语音、文字、图片、视频等形式，为游客提供基于位置的个性化路线推荐、导览和讲解等服务，为旅游活动提供形式多样的信息提示。该场景有助于创新导览讲解方式，丰富讲解内容，帮助

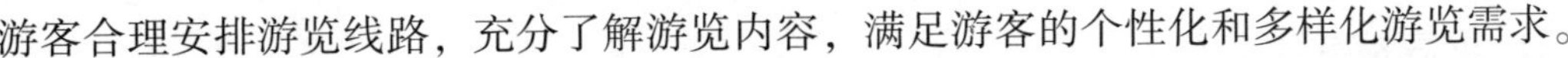

游客合理安排游览线路，充分了解游览内容，满足游客的个性化和多样化游览需求。

7. 沉浸式体验

运用 AR、VR、MR、裸眼 3D、全息投影等技术，结合环绕式音响、多通道同步视频播放、高清立体显示等设备，通过交互式空间营造，创新内容表达形式，打造虚拟场景、多维展陈等新型消费业态，丰富数字旅游产品的优质供给。该场景有利于增强代入感和互动性，提升游客的感官体验和认知体验。

8. 智慧酒店入住

运用 5G、大数据、物联网、传感、生物识别等技术，采用非接触式等快捷自助服务设备，为游客提供身份证扫描、人证对比、订单核对、入住确认、票据打印、自助续住、房卡收发、一键退房等服务，实现酒店管理系统、公安登记系统、门禁系统、在线预订平台等多个系统的数据协同。该场景可帮助游客在酒店实现快速入住，提升游客入住体验。

9. 智慧旅游营销

运用 5G、大数据、人工智能、云计算、融媒体等技术，收集游客受众分类、规模数量、结构特征、兴趣爱好、消费习惯等数据，通过游客的画像分析确定市场开发方向，锁定消费客群，并采取线上线下相结合的营销方式，向目标市场和目标客群精准推送相关旅游产品信息。该场景有利于把握旅游消费趋势，细分客源市场，制定有针对性的宣传方案，实现精准高效营销。

10. 智慧安全监管

运用 5G、大数据、云计算、物联网、人工智能、图像识别、地理信息系统、智能视频监控等技术，在出入口、集散地、重要游览点、休憩服务场所、交通枢纽地带、事故易发地、环境保护地等安置视频监控和物联传感设备，建立实时监测、通话与定位、自动处置、SOS 救援等系统；或通过无人机技术丰富立体安全防控网络，通过无人机自主巡检弥补固定位摄像头视野盲区，实现视频监控、重点喊话、关键人追踪、探索环境智能监测等功能，打造立体化、全覆盖、智能化安全防控网络。该场景能够实现早期安全预警，及时发现和有效处置各类安全隐患，保障游客人身安全和旅游环境安全。

五、智慧机器人视频技术在旅游景点的应用场景

智慧机器人视频技术在旅游景点的主要应用场景如下。

1. 迎宾接待

智慧机器人自动感应游客并播报欢迎语，主动与游客进行互动交流，如图 5-5 所示。

图 5-5　智慧机器人迎宾接待

2. 业务咨询

智慧机器人自主与游客进行交流，解答游客对于旅行行程、办理流程、办理窗口等业务相关问题，为游客提供旅行方案介绍、费用查询等服务，如图 5-6 所示。

图 5-6　智慧机器人业务咨询

3. 宣传介绍

机器人可在接待大厅、旅游景区等地方进行定点或行进宣传讲解，循环播报最新的旅行方案，可通过视频的方式全方位展示方案内容和相关服务内容。

4. 数据采集

可基于人脸识别技术判断游客性别、年龄信息，在交互过程中采集游客的喜好和需求，可主动邀请游客录入个人基础信息，并将所有数据汇总至后台，便于开展游客的画像分析和营销活动的优化工作。

5. 业务办理

可进行部分业务的办理工作，如填写个人身份信息、选择旅行方案、付费等工作，简化工作环节中的部分流程，节省人力，缩短游客的等待时间。

6. 景点介绍

通过语音、视频等方式对意向景点、周边设施进行介绍，方便游客对其进行多维度的了解，可减轻导游的工作。

7. 广告宣传

机器人能通过视频广告、语音广告、二维码广告等形式向游客进行多样化的广告宣传，也可有针对性地宣传优惠活动。

第 3 节 智慧文旅服务应用典型案例

一、智慧旅游服务应用典型案例

1. 案例一： AI 在乌镇景区智慧旅游服务业中的应用案例

作为 5A 级旅游景区的乌镇景区，在面临大批客流的同时也存在着景区拥堵、管理效率低、游览体验差等典型问题。在接受智慧旅游理念后，乌镇做出了以下改变。

（1）建设智慧硬件。乌镇景区建设了 10 个以上 5G 基站，开启“万物互联”的时代。同时，景区还在积极打造“智慧环保型公厕”等硬件设施，这些设施具有播音乐、智能感应风干、直接转化为有机肥料半成品等功能。

（2）创新智慧应用。乌镇景区建设智慧交通诱导系统，在主要道路设置停车场引导及停车位数量实时显示电子屏，游客可以通过手机应用实时查看所有公交车位置、线路，科学安排候车时间。景区还安装了由 560 多个摄像头组成的“天眼”系统，通过人脸识别系统实现监控探头识别、瞬间定位，保证游客安全。

（3）实现智慧监管。乌镇景区对接通信运营商、社交媒体等方面数据，有效整合涉旅数据，并通过数据可视化平台，集中展示数据建模、挖掘、分析的结果，实现涉旅数据的实时监测查看。

（4）升级智慧服务。在进入景区方面，乌镇景区除了扫码外，还采用了最新的“刷脸识别”功能。系统提前采集游客头像上传至数据库，闸机上的摄像头自主匹配进入的游客，判断其是否可以进入景区。此处理过程仅需要 0.6 秒。

2. 案例二：黄果树景区智慧化客流管理服务体系

黄果树景区是第一批国家级重点风景名胜区和国家首批 5A 级旅游景区，拥有较高的知名度和品牌价值，是贵州旅游的知名品牌。黄果树景区运用信息技术、物联网、大数据、人工智能和移动互联网技术，开始智慧化建设。2020 年，黄果树景区已建成“一个中心，四个平台”的智慧旅游应用体系，即大数据中心、指挥调度平台、运营管理平台、智慧营销平台和智慧服务平台，全面支撑景区的发展决策、指挥调度、运营管理、精准营销和智慧服务。通过“一个中心，四个平台”的应用和运营管理，景区运营效率和服务品质也得到极大提升。

由于地理位置和自然环境限制，黄果树景区核心区面积不到 20 平方千米，景区内观光车道较窄，仅可单向行驶，游客步道也多为羊肠小道，通行承载量很低，大大制约了景区的游客接待能力和中转效率，也给景区的运营管理和服务工作带来巨大挑战。近年来，随着游客接待量逐年增加，黄果树景区决定通过智慧化手段，提升管理效率、降低运营成本，在游客服务和舒适游览体验上加大投入，提升景区的服务品质。

黄果树景区始终坚持以“游客舒适游览体验”作为客流管理和服务的宗旨与原则。客流管理体系根据黄果树景区的游客接待量、景点分布、出入口设置、观光车道路情况、景区动线设置，以及景区的容量、观光车运力等实际情况，并结合多年的运营管理经验而建设。通过“一个中心，四个平台”的智慧旅游应用体系，景区实现动静结合的智慧化客流管理，包括实名制分时预约、观光车调度、游客动线客流管理三个方面。

（1）智慧票务管理的实名制分时预约。2019 年，黄果树景区开始试行实名制分时预约售票和检票，全天 9 个时段的分时预约售票和人脸识别入园正式在景区推行。

实名制分时预约售票将全天的景区门票分成 9 个时段，游客至少提前一天，通过黄果树景区官方售票渠道进行实名制预约。通过这一手段，景区将游客入园时间分散在全天的各个时段，避免了游客集中在某一时段到达景区或瞬时入园，造成景区交通拥堵和入园拥挤。分时人脸识别检票入园，即游客通过实名制预约的门票入园，票务系统已获取游客实名身份信息和入园时段信息，游客到达景区后，通过人脸识别比对入园。

实名制分时预约售票和检票大大提升了景区票务管控与游客入园调控能力，同时获取游客的实名身份信息，通过大数据分析，支撑景区精准营销决策、景区安防与反恐工作。

（2）智慧化的观光车客流调度。结合黄果树景区的观光车动线情况和线路设置，通过观光车智慧调度实现黄果树三个子景区（天星桥、大瀑布、陡坡塘）之间的游客引流和分流。

根据三个子景区不同的容量限制、接待能力和舒适度指标，结合游客预约数量和分时段入园数量，在观光车始发站实现游客的分流和引流，使三个子景区之间的容量相对均衡，并在三个子景区之间形成观光车运行环线，通过游客在园数据进行观光车的资源匹配调度。景区为了使游客充分理解并配合，通过智慧化手段将三个子景区的实时在园人数和舒适度等数据信息前置，推送到游客导览系统、景区入口大屏幕、观光车乘车点等，让游客通过舒适度指标自由选择景区景点游览。

（3）游客动线客流管理。以景区内的游客动线面积为参照，测算最佳容量。将游客动线进行节点分段，在各个节点上部署智能监控，实时监测客流密度，分析出各分段动线的实时人数，并通过“景区管家”APP 推送到各节点安保岗位，实现安保管理协同和客流调度联动。

景区疏通与管理的关键在于通过实时的数据感知和游客行为分析进行对应的引导，合理测算出游道容量、游客通行时长与观景台停留时长，进行合理的限流、分流、导流和引流。

景区先测量了游道面积，计算出科学合理的容量值，并对应设置非常舒适、舒适、缓行、拥堵、非常拥堵等游道舒适度指标。然后，在游道分段的两端、岔路口和观瀑台布局智能监控，实时监测分流游客数量，并根据数量值对应舒适度指标和管理建议，通过“景区管家”APP 将舒适度指标和管理建议实时推送到对应的节点和安保岗位，安保根据系统预设的管理建议和工作指南进行管理协同和调度联动，包括节点限流、分段引流、游道疏导和动线分流等。

对于实名制分时预约，景区通过官方预约平台、在线旅游、官网、导览系统、公众号和自媒体等平台进行了大量的宣传和解释，将信息和服务前置，帮助游客快速理解并实现快速预订。景区也在游客服务中心开通退改签业务窗口，同时，增加周边景区直通车，包括龙宫、屯堡、奇遇岭等，让游客在多个景区之间选择和统筹安排游览时间。

对于观光车客流调度，景区通过信息发布系统，将景区内的三个子景区的实时入园人员、在园人数等数据信息通过大屏幕显示出来，让游客在乘坐观光车之前，能根据各子景区的游客容量和拥挤程度自主选择，而非强制要求和限制游客的观光车路线和游览动线。

对于游客动线客流管理，景区在动线设置和管理上，参照道路交通的“红绿灯”模式，进行分节点管理和疏导。在面向游客服务时，景区通过自助导览系统，在手绘地图中预设推荐动线，游客根据深度游、快速游等特性选择不同的动线进行游览。同时，动线客流数据等信息会同步到游客服务终端，使游客在动线选择时，有直观的数据作为依据。

通过建设黄果树大数据中心，景区实现运营管理和营销数据的集成、分析与可视化展示，使管理部门实时掌握景区运营状态，并根据实时数据进行相应的景区资源、设备、车辆和人员调配。

智慧化的观光车客流调度优化了景区的车辆资源配置，提升了观光车运载能力和运营效率，同时也降低了人工成本和车辆能耗。

二、智慧景区管理典型案例

1. 案例一：江苏茅山景区智慧景区建设

茅山景区作为全国18家首批智慧旅游试点景区，智慧旅游建设不仅走在了市场前沿，为景区管理、营销、服务节约效能，还使游客获得了智能舒适的旅游体验，尤其在创建国家5A级旅游景区之际，更为景区增添了特色化加分亮点。

茅山景区建立了立体化、智慧型微媒体平台，实现景区官方网站、官方微博和官方微信全面专业化的运营。这些平台将满足游客全方位旅游信息需求，有咨询投诉、客情查询，以及门票、餐饮、住宿、旅游纪念品的预约、退订等在线服务功能，也有景区最新动态、旅游文化、景点美图、精彩视频与周边交通等大量信息可供查询。景区还将导游词语音载入微信，随时随地满足游客游览需求，全方位为游客营造舒服、便捷的智能体验。

2. 案例二：南昆山景区智慧景区建设

作为国家4A级旅游景区，南昆山景区非常重视科学规划，坚持规划引领发展，构建开发与保护协调发展新局面。惠州政府则以南昆山乡村振兴为支点，全力撬动乡村旅游共建共享新模式。

南昆山景区搭建了智慧景区信息化系统，包括云票务系统、智能导览系统、智慧餐饮系统、智慧停车系统、智慧酒店系统、礼品电商系统。

该系统通过信息化手段，在游前推出景点攻略、旅游资讯、路线规划、地理位置定位等相关信息，汇集景点线路推荐及特色活动资讯，方便游客快速获取南昆山景区旅游玩法。为游客提供多个“马上出发”的出游决策动因，帮助游客快速刷新对目的地的认识。

平台完美地整合了景区周边吃、住、行、游、购、娱资源，打通景区门票、酒店、餐饮、零售等业态的线上线下一体化流转，为游客提供线上购票、分时预约、预订酒店、到店点餐、团购等功能，并推出限时领券到店消费等营销活动，为游客提供“一站式”服务体验，实现便利化、数字化、智能化的智慧服务。

南昆山智慧景区建设以计算机为“大脑”，将物联网、云计算等技术运用到景区建设中，将旅游融入“万物互联”体系中，将所有信息进行统筹升级、整合，为游客提供完美游玩体验，提升满意度，为涉旅企业带来数据和管理上的快手升级，实现产业效益最大化的目标。

（1）精美手绘地图，实现景点一键智能导航。采用精美的手绘方式，结合景区规划布局图、景区环境、景点文化等进行地图还原，在手绘地图中可以显示景区内的洗手间、休息亭、热门景点、餐饮、酒店等公共设施实时定位，还可以显示景区全景，以及植物、河流、道路、地形面貌等景区信息。

对于面积较大的南昆山景区来说，如果没有导航，游客需要花费一段时间来琢磨路线。而智慧导航可以将景区内的热门景点和公共设施都标注出来，再以高德地图为依托，保障游客实时定位的精准度，实现一键智能导览，方便游客随时随地规划路线，想去哪儿就去哪儿。

（2）语音讲解，随走随听。游客到达任何一个景点，打开“一机旅游”小程序，即可听到自动播报的该景点的相关介绍，收听生动、深入的景点解说，智能讲解景区历史和文化，让游客身心都能沉浸式地体验景区的环境。

游客不仅可以随走随听，而且听到的语音解说也不是机械音，而是真人语音讲解，声音动人美妙，让游客全面了解景区，知道景点背后的故事，加深体验感。这样的“智能导游”能让游客沉下心来，细细品味南昆山的美。景点语音讲解小程序如图 5-7 所示。

（3）分时预约

1）无须下载，轻量化平台。在传统的售票模式中，线下窗口售票是门票销售重要的一环，而建立门票预约制度，则需要一套新的售票体系与流程。南昆山搭建的票务

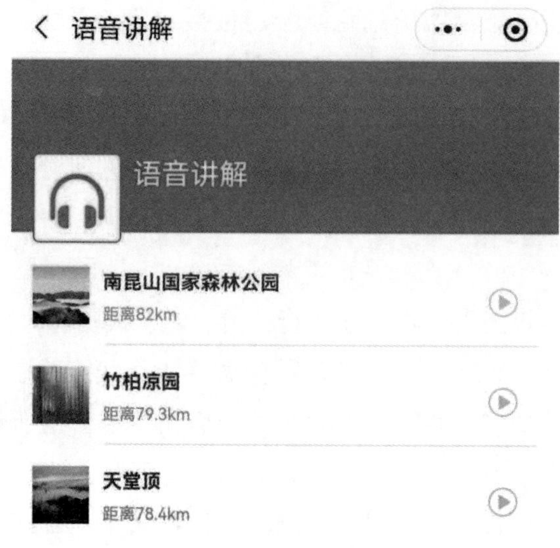

图 5-7 景点语音讲解小程序

系统中具有“分时预约”功能，游客无须下载任何 APP，只要通过一个旅游小程序即可快速完成预约操作。

2）支持多时段预约，错峰限流。支持多时段预约，该时段约满则无法再约，将景区游览人数控制在合理范围内。游客在线预约后生成预约码，通过闸机或员工手持设备验票入园，方便快捷。支持对接政府监控平台，每隔 15 秒定时推送预约数据。

3）无票入园，快速通过。景区通过门票预约系统后台，统一配置好门票的最大库存、销售时间、使用时间等信息，从售票环节严格限制入园流量，游客就可以通过手机提前预订景区门票，实名制一人一票，确认准确的入园时间，到达景区后无须换取纸质门票，通过订单的电子二维码、身份证或人脸即可快速通过检票通道，从而实现无票入园。

（4）分销系统

1）提供健全的分销体系。南昆山景区的分销系统模式，有效链接景区、大小商家、在线旅游、旅行社等旅游上下游，基于多业态资源整合销售、多级分销、资金管理三大实际业务，让旅游产品从整合、分销、对接、销售到管理实现“一站式”分销服务。

自分销系统搭建以来，南昆山景区对门票进行分销，以景区员工、周边 10 千米内的餐饮、酒店、礼品店为目标，铺设下沉一级分销员，同时以商户为主体开展员工二级分销，分销试点开展一个月，分销销售额占南昆山景区总销售额的 45.6%。分销系统壁垒低，裂变速度快，让南昆山商家在移动社交电商中获得裂变价值。

2）全民分销，快速裂变。旅游分销系统能智能“锁粉”，快速裂变，快速打造全民分销。这种分销基于社群的传播，以分销商为中心，让“粉丝”实时、有效地获取社群流量并快速分享购买分成，让营销更加简单，实现整合景区资源优势，结合线上全渠道销售通道，助力旅游企业营销。

3）佣金清分。供销间实时自动清分订单，验证后即可提现。

随着信息时代的到来，智慧景区建设技术将不断提高，智慧旅游这一概念不断升华。将物联网技术合理运用在景区建设中，人流量监控、预警控制、路线规划等方面都将更加方便、高效。信息化的发展和智慧景区的建设将为游客提高观景体验感，同时避免了景区资源的浪费，提高景区管理效率。

三、智慧酒店应用典型案例

在消费升级和提倡美好生活的大背景下，针对酒店的产业结构调整和升级已势在必行。市面上机器人服务员、智能门锁、无人前台等高科技手段层出不穷，不断抓取客人的眼球。但这些仅仅是智慧酒店最为表面的事物。

针对吃、住、行、游、购、娱六大旅游元素，实现酒店的数字化、信息化和智能化，利用智能化控制系统来为人们提供舒适便捷的体验和服务，在提高酒店运营效率的同时，又能节约成本，才是智慧酒店运营的关键。

1. 案例一：日本东京半岛酒店

在日本东京，半岛酒店是浪漫、魅力和时尚的代名词。该酒店由知名室内设计师桥本夕纪夫设计，选用大地色，并使用木材、漆器和大理石进行混搭，设计上诠释出日本独特的文化气息，被赞为“国际设计闪耀日式精彩”。

该酒店的亮点之一是酒店设有研发部门，20 名工程师倾力为客人开发具有人性化的智能科技服务。在走廊、房间等场所，随处可见融合酒店华丽风格的、对应不同功能的按钮。

例如，客人按下了房间走廊处的一个按钮，小屏幕上就会立即显示室外的天气和湿度，提供出门穿衣指南。同时，酒店还拥有智能电话接听系统，电话响起时房间内的广播和电视将变成静音，按下相应按钮就能免提接听。该酒店在设计中充分考虑到各项设施的功能性，为客人营造高雅舒适的住宿环境。

2. 案例二：深圳乐易住无人智慧酒店

深圳乐易住无人智慧酒店，通过感知互联和智能响应，即通过自助机人脸识别、雷达传感器、门锁、显示屏、监控等设备，及时采集信息，再配合运营管理系统，完成以前需要人工操作的工作，如刷脸办理入住、人体活动感应控制灯光音量、手机退房等。

值得一提的是，该酒店客房门锁无须刷房卡，通过手机输入密码或者手机滑动指示即可开锁，创新性地将手机解锁方式应用到酒店开门场景中。打开房门那一刻就有智慧化的体验，如电视、灯光、窗帘等自动开启，空调调节到合适的温度等。此外，酒店还设置 24 小时在线客服，为客人提供自助行李寄存服务，智能化服务贯穿整个住宿过程。

3. 案例三：大连山水 S 酒店

作为中青旅山水酒店集团在东北区域的首家 S 酒店，大连山水 S 酒店在装修风格上选用了地中海式海洋风格，酒店走廊选用特色的海洋动物扩展式壁纸，客房以蓝色和白色为主，营造出通透、温暖的空间环境。

酒店内的 144 间客房全面应用了智能化控制系统，开门欢迎模式自动开启，躺在床上用手机就可实现客房灯光、空调、窗帘等设备控制，另有灯光情景模式可根据客人的心情或需求自由调节，更有智控面板、智能电视可看海量影视大片，充分满足客人的个性化需求。

智能化控制系统除了让客人体验到现代化智能科技外，还能大幅度为酒店降低能耗，可以做到无卡取电、无卡节电。

目前来看，酒店的发展不再局限于满足客人单一的入住需求，关注重心也从最初重视发展规模和发展速度转向品质提升。在 AI、云计算、物联网、5G 等新技术的带动下，未来的酒店将突破传统，走向终端智能化，会有越来越多的酒店考虑将创新科技引入酒店商用场景中。

四、智慧文旅服务平台典型案例

1. 案例一：杭州智慧文旅服务平台打造文旅生活服务圈

为全面推进文化和旅游高质量发展，促进城乡精神共富，杭州市文化和旅游发展中心（杭州市旅游经济实验室）打造杭州智慧文旅服务平台，构建起“一个阵地”——文旅公共服务阵地，实现“两个融合”——线上线下融合、文化和旅游融合，聚焦“三个维度”目标——聚焦文旅公共服务“最后一米”的温度、聚焦城乡均等化共同富裕的高度、聚焦家门口精神家园的厚度，打造“四个空间”——智慧旅游公共服务空间、智慧文化公共服务空间、智慧便民服务空间、智慧文旅宣传空间，形成“五个体系”——管理体系、队伍体系、活动体系、数字文旅场景体系、标准化服务体系，深入挖掘、整合本地文化和旅游资源，满足老百姓的个性化文化体验及旅游服务需求。

（1）建设内容。平台建设主要体现在“四个空间”的打造上。

1）智慧旅游公共服务空间。通过“i”杭州文旅（咨询）服务中心试点建设，建立文旅空间管理、人才培训、培训专家、文旅服务志愿者等体系和机制，让智慧文旅服务场景触达市民游客。

线上城市地图整合杭州景点、酒店、厕所、文化场所、停车场等城市资源，为游客提供景区文旅活动、导游导览、行程规划、区县智慧游等在线服务；“线上一张图”延伸拓展至“线下空间”，借助旅游咨询公共服务网络，将传统的“面对面”服务转变为“键对键”服务，以线上线下协同优化公共服务供给侧。

游客可通过手机端进行景区预约、行程规划、区县智慧游等操作，实现旅行线路“私人定制”，也可以在咨询点内由服务人员协助完成线路查询、入园预约，提高旅游体验感，享受智慧化行程服务。例如，景点20秒入园如图5-8所示。

图5-8　景点20秒入园

2）智慧文化公共服务空间。聚焦文旅融合、主客共享，对传统旅游咨询点进行空间重塑，增加智能化服务设施设备，建设博物馆预约、文化活动预约报名、图书一键借阅、在线阅读、社区文旅服务等线上服务功能体系，推出“家门口的博物馆”“家门口的电影院”“家门口的图书馆”等服务矩阵。

线下推出10个文旅咨询服务中心试点，设置图书阅览区，合计上架各类图书1万多本，开展读书沙龙、艺术交流、观影等文化活动近百场，吸引3 000余人次参加，极大丰富了群众精神文化生活。

3）智慧便民服务空间。文旅大数据分析优化咨询点网络布局，不断完善惠民便民功能。加快推进残疾人通道等无障碍设施建设，提供医药箱、针线包、放大镜、轮椅、拐杖、雨伞等的免费租借。开展“一杯水”公益活动，向环卫工人等户外工作者提供休息场所和免费饮用水。

通过线上定位访客信息，游客可借助人机互动或在咨询点服务人员协助下，快捷查找周边停车场、公共厕所、景点酒店、城市书房、文化馆、图书馆等场所和最新活动信息并通过线上预约报名。

杭州市旅游咨询服务中心如图 5-9 所示。

图 5-9　杭州市旅游咨询服务中心

4）智慧文旅宣传空间。利用旅游咨询点触摸屏、电视、户外大屏等设施，进行文化和旅游资源宣传。围绕建党主题，结合文旅服务开展百场“走读杭州五色行”活动，策划了三条红色旅游线路，组织市民游客进行红色走读。

招募各类文旅活动和社会组织、公益团体入驻咨询点。挖掘杭州历史文化，开展文旅体验活动。目前已开展 50 多场红色主题爱国主义教育活动，2 000 余人次参加了活动。与高校、杭州市环保志愿服务总队合作，组织与环保、文明旅游、素质提升等主题相关的文旅志愿服务的宣传活动。

（2）建设效果

1）解决游客来杭和在杭旅游的公共服务痛点。信息不对称是旅游业发展中的突出矛盾，杭州在升级完善旅游咨询服务机构功能的同时，通过“杭州文旅一张图”小程序进行数据集成和平台建设，解决目的地信息及服务渠道分散与旅游目的地预约难、入园难、出行难、停车难、“方便”难、住宿难等具体问题之间的矛盾，提供便捷高效的“一站式”文化和旅游综合公共服务。

2）解决游客需求日益丰富与产品缺乏个性化之间的矛盾。杭州智慧文旅服务平台针对不同人群在文化和旅游活动方面的不同需求，提供文化资源、旅游资源、城市资源，根据不同的群体特点打造个性化服务，实现公共服务人本化。

游客根据手机定位服务或咨询点位置，可以方便地查找到 1.5 千米内的城市文旅活动，并根据不同兴趣爱好及需求报名参与。游客还可以查询主题游线路并进行智能行程规划，实现自助导游和自主规划。

3）架起政府、游客及旅游企业互动的桥梁。通过系统的景区导航及景点实时客流监测功能，管理部门能够在节假日客流高峰期间，引导游客及时调整行程规划，避免景点拥堵。

通过建设覆盖整个城市的旅游咨询点、旅游热线、旅游网站等服务机构和信息传递媒介，管理部门可以第一时间采集到游客反馈的原始信息，为了解游客需求、把握市场走向、实施管理决策提供了可靠依据。这一举措提升了政府的宏观调控和市场服务功能，对吸引客源、引导市场发展起到积极作用。

（3）创新亮点

1）打造“主客共享”的文旅公共服务空间。杭州智慧文旅服务平台既打造了面向服务架构的可用、可靠的集成化数据共享平台，实现跨部门应用场景叠加和个性化旅游资讯服务，也围绕“兜住底，能兼容”的目标，让技术更有温度，服务更人性化。坚持“两条腿”走路，使智能化管理适应数字化改革中的弱势群体，不断改进传统服务方式，体现社会温情，彰显共同富裕的内涵需求。

2）让文化和旅游真正融合在一起。积极推动传统旅游咨询服务网点与文化产业资源、公共服务对接，将文化与旅游元素深度融合。充分发挥政府平台的示范引领作用，带动各类圈层组织、社会资源共同投入文旅融合咨询点建设中，通过提升硬件空间水平，拓展服务场景，丰富服务内容，让杭州智慧文旅服务平台真正成为文旅融合发展的新典范。

3）实现“线上+线下”的闭环发展。线上的文旅服务具有高效、便捷等优势，但线下文旅服务的体验和温度不可能被完全取代，未来的文旅公共服务一定是线下线上打通，形成闭环。线上线下资讯服务覆盖游客获取信息全过程，满足全要素信息需求，为市民及游客提供“一站式”文旅公共服务。在标准化、个性化、精细化、规范化上下功夫，依托人工、智慧大屏、VR 技术等为游客提供更加直观的文化和旅游体验服务，让服务更加智能化、人性化和多元化。

2. 案例二：“慧游泰山”智慧文旅平台

（1）建设目的。打造“慧游泰山”智慧文旅平台，深度整合泰安全域文旅资源，全面提升游客体验，真正实现“一部手机在手，畅游泰安无忧”。

（2）主要措施。“慧游泰山”智慧文旅平台建设“一个中心，三个平台”，即旅游大数据中心、旅游综合服务平台、旅游综合监管平台、旅游综合运营平台。依托“互联网+旅游服务”的形式，利用全市官方统一的微信公众号、微信小程序、支付宝小程序和手机官网，全面覆盖游客游前、游中、游后的场景，提供门票、美食、智慧停车、酒店民宿、景区导览、自助游推荐、一键救援、最新资讯、找厕所等服务功能，满足并提升游客吃、住、行、游、购、娱的全域旅游需求和体验，同时通过诚信体系、投诉平台，让游客全流程舒心、安心、开心。游客第一眼就可看到自己想知道、符合自己需求和使用习惯的信息，极大方便了游客的出行。

平台整体系统分为基础设施层（系统所需的基础设备、系统、中间件等）、资源层（实现具体功能的各种数据与信息库）、应用支撑层（对所有应用系统提供各种数据访问功能的中心服务系统）、应用系统层（实现具体功能的各种应用系统）。

数据安全管理架构主要体现在旅游数据的存储、应用和管理三个方面，有针对性地应对数据安全威胁。数据安全管理架构如图 5-10 所示。

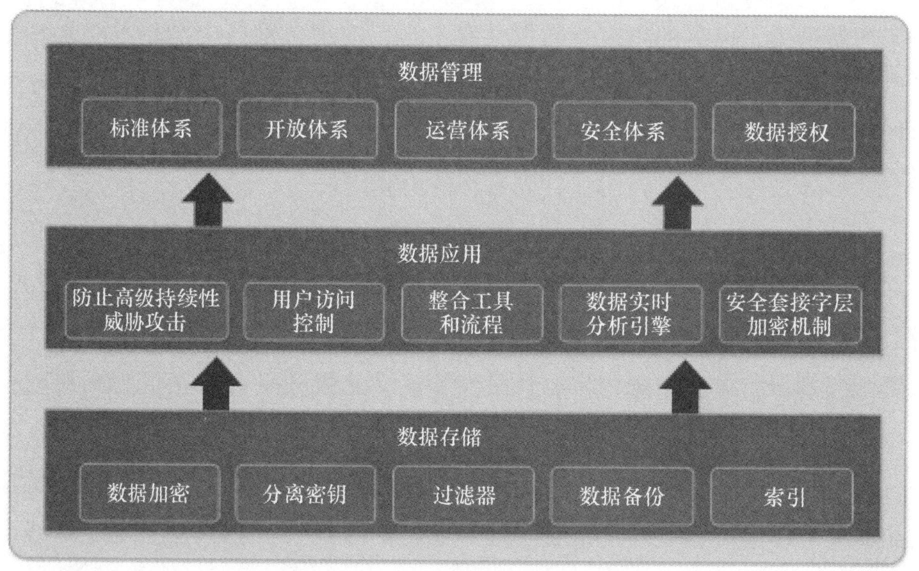

图 5-10　数据安全管理架构

“三个平台”总体架构如下。

1）旅游综合服务平台。平台以泰安旅游诚信指数为核心构建服务，满足游客一机在手、畅游目的地的需求，通过建立统一的目的地游客入口，使游客能全面、实时掌握泰安旅游景区景点、乡村旅游、酒店民宿、美食、特产等各类旅游信息，同时注重对游客发布旅游诚信指数，推荐诚信旅游产品与服务，提供更便捷、安全、可追溯的消费支付方式和旅游投诉渠道。平台向游客提供泰安城市地图，打通智慧停车场模块，覆盖游客全程服务场景。在提升游客体验度之外，注重提高平台的趣味性和交互性，通过景区直播、个性分享、“网红”打卡、智能识别，上传分享游玩体验，实现平台的宣传推广和游客的二次导流。景区导览、找厕所、一键救援等功能，利用实时定位技术，并在专栏发布实时资讯，为游客提供极大方便和出行保障，真正实现一机在手，畅游目的地。

2）旅游综合监管平台

①旅游消费与市场监管。游客通过现金、微信、支付宝等进行购物支付，同时自动生成电子发票。系统实时采集支付数据与发票数据，以此数据为基础对旅游购物消费进行全域全程实时监控，实现对综合旅游服务的监管，对旅游消费数据提供统计分析。

旅游市场监管包括旅行社服务监管和导游管理。旅行社服务监管将各旅游表单数据、入住数据、验票机数据、车辆数据、游客行程轨迹数据纳入其中。充分利用大数据、云计算、物联网技术，与导游管理系统互联互通，实现旅游团队的行程全程备案与服务监督，系统根据这些数据分析实际旅游行程，对不合规的旅游行程进行实时告警，用地图定位进行轨迹跟踪与回放，及时掌握旅行社、导游服务执行情况。

②旅游投诉受理。为实现游客舒心游泰安的目标，通过在线、电话等多个渠道投诉，管理人员依据系统数据统计督办投诉事件，提供投诉事件监控及溯源功能，通过事件监控页面，可看到旅游投诉事件总量、已处理投诉事件数量、重大投诉事件数量，以及投诉事件列表。可实时查看投诉事件的详细情况，包括发生地点、图片、事件描述、区域分布、事件类型、上报来源、事件等级等。

在流程处理和时间调度上，实现逐步升级的流程配置。为公安、工商、交通、物价、民族宗教、食药监、旅游等多部门联合处理的重大投诉事件提供联动指挥，可看到该投诉事件地点、详情、周围涉及的资源，如警力、医院等情况。

③联合执法与应急指挥管理。对需要多部门联动的重大投诉事件和紧急事件提供联动指挥功能。管理人员通过联动指挥模块，对联合执法任务的执行可全程监控回溯、实时调整，并进行统计分析。联合执法的执行结果可反馈给投诉管理模块，作为投诉处理的结果。

旅游监管部门可以实时、便捷地掌握旅游产业的实时运行、预警情况和事件发展情况。大屏展示人流热力图、位置分布、交通状况、摄像头实时视频等，执法人员及时跟踪响应。系统提供基于大屏显示的应急指挥电子沙盘，相关人员可实时掌握、调整和指挥事件发展状况，并应急处理各项任务的执行情况。平台可将应急事件形成数据文档，并可根据事件发生时间、事件名称、事件概述、关键词等信息进行模糊查询检索。应急事件发生前、中、后的轨迹可在应急指挥电子沙盘上进行复盘查看。

④旅游诚信管理。根据泰安市文化和旅游局制定和发布的泰安旅游行业诚信指标

体系，基于旅游市场监管数据、旅游投诉数据、旅游舆情数据、旅游服务平台的评价数据等对旅游执业者（包括酒店、旅行社、导游、商家等）进行诚信等级评分，形成旅游诚信体系综合评价机制和诚信数据追溯机制，并通过旅游服务平台对旅游从业者和游客进行发布。

3）旅游综合运营平台。借助海量大数据，平台对游客行为和广泛产品进行覆盖，构建游客的画像，立体分析游客需求，并支持通知消息推送和包含文字、图片、链接、音视频、文件、表情内容等主流社交平台的一键分享，将信息及时送达精准定向的游客，与游客持续友好互动，引导游客持续关注平台，大幅提升游客活跃度、留存率。平台将签约企业的交易佣金，以红包形式发放给平台新注册的游客，游客进行诚信评价和个性分享，平台给予红包奖励。

（3）特色亮点

1）模式创新。平台在借鉴国内外智慧文旅建设的经验和“一部手机游”开发运营经验的基础上，紧密结合当地文旅产业的发展状况，将系统开发建设和运营服务相结合，形成了“1+3+N”泰安智慧文旅模式。1 为“慧游泰山”文旅大数据中心，3 为三大平台，N 为多个功能模块。

2）应用创新。平台开发了线上分时段预约购票系统，实时更新景区实时动态，有效提升了游客的出游体验，保障了泰安旅游安全平稳有序。平台开发假日旅游数据统计模块，可实时查询全市重点景区入园量、假日预订量、累计客流量及酒店住宿量等数据，为政府调控和监管提供必要的数据支撑。开发泰安市“文化生活满意度提升攻坚年”管理系统平台，该平台包含送戏下乡、公益电影放映等 9 大功能模块，着力提升文化服务效能和群众文化生活满意度。

3）技术创新。平台利用云计算、大数据、物联网等技术，通过对文旅资源进行深入的挖掘、整理，融入文旅产品定制和服务，利用平台技术手段展示，供游客通过平台自助组合及选择。

3. 案例三：乐山智慧文旅服务平台

乐山拥有得天独厚的旅游资源，是一座有自然、文化和灌溉三项世界遗产的城市。

乐山聚焦智慧文旅产业发展，大力推进创新示范区建设，以打造全国智慧文旅标杆城市为目标，加快推动乐山文旅数字产业化、产业数字化和数字化治理，示范区建设取得明显成效，形成乐山特色的智慧文旅发展模式和一批可推广、可复制的“乐山模式”先进经验成果。

（1）依托旅游云带动上下游产业聚集。2020 年 10 月，乐山市启动了智慧文旅项目，主要包括 IaaS（基础设施即服务）基础平台、旅游云 SaaS（软件运营即服务）平台、乐山智慧文旅指挥中心、5G+数字景区体验中心，以及“智游乐山”APP、高德“一张地图游乐山”等。

乐山正建设西部文旅大数据产业园，通过搭建智慧文旅平台，汇聚周边重点景区旅游数据，基于云计算及旅游场景，推动形成一批智慧文旅企业、产品、技术和解决方案。深度挖掘文化内涵，发展动画动漫、网络游戏等数字服务创意，支持数字内容技术开发与营销运营，带动上下游产业集聚。

（2）赋能全域景区智慧化升级。目前，乐山正实施全域景区智慧化升级，以峨眉山—乐山大佛“双遗产”景区为引领打造示范性智慧景区，推动 3A 级（含）以上旅游景区实现智慧化改造，基础设施与 5G 网络、视频监控、Wi-Fi 覆盖、充电桩、电子围栏、停车电子收费等双向开放共享。

推进公共文化（博）场馆、3A 级旅游景区等空间区域及相关配套设施与信息通信基础设施双向开放共享、合作建设。开展数字文旅创新服务示范，利用数字技术创造文旅服务新场景、新模式和新产品，全面提升服务能力和消费体验。积极推进峨眉山、乐山大佛景区数字门票示范，争取与故宫博物院开展故宫文物数字化保护合作，以互动投影、VR 和 AR、全息等数字技术培育沉浸式旅游消费模式，打造一批互动性更强、可玩性更高、体验感更佳的景点和体验场所。

（3）提升管理效能，深化旅游云应用。乐山力争汇聚川渝乃至国内部分景区的文旅大数据，实现景区数据共享共用，推动数据中心、大数据应用输出，搭建基于云计算的智慧文旅综合管理平台，涵盖景区运行监测、旅游市场监管、旅游诚信管理、旅游投诉管理等功能，实现对全域旅游的智慧管理。依托“智乐山”“智游乐山”等服务平台，优化完善游前、游中、游后全域旅游智慧服务，开展游客行为大数据分析，构建差异化用户画像库，精准实现游览线路、文创、土特产、美食等多种内容和产品营销，促进服务业消费提升，打造大数据支撑、网络化共享、智能化协作的智慧产业链体系。

乐山智慧文旅发展初见成效，构建了景区视频监控、全网订票、环境和遗产保护、车辆调度等智能系统，实现了旅游经营、管理、服务、营销全过程的数字化和智能化，提升了游客旅游体验，擦亮了乐山市智慧文旅城市品牌。

五、智慧机器人视频技术在旅游景点应用典型案例

随着景区数字化运营概念的推广，不少景区投入智能化设备，如智慧闸机、智慧自助取票机、智慧测温门、智慧停车场、共享充电宝、智慧机器人等。

1. 案例一：人工智能导览机器人正式进入八泉峡景区

人工智能导览机器人“小胖”已正式进入太行山大峡谷八泉峡景区。“小胖”是该景区首个可移动式智能机器人向导，可为游客提供多种多样的服务，依托语言交互和深度学习优势，具备游览引导、票务查询、景区展示、提醒、娱乐五大功能。它可提供地图线路、语音播报、活动流程、语言交流、人机互动等多形式引导，如向游客指示餐饮场所、厕所、游览线路等，初步实现了景区人工导览和智能服务的完美结合，吸引众多游客驻足，成为景区智慧化建设和5A级旅游景区创建背景下一道优美的风景。

近年来，景区所在的壶关县强势推进智慧旅游建设步伐，总体围绕壶关全域旅游“智游壶关”APP、微信公众号、小程序、官网等智慧平台搭建，实现壶关全域旅游吃、住、行、游、购、娱，“一部手机游壶关”的智能体验。特别是智能机器人和自助售票机已强势进入八泉峡景区和欢乐太行谷，实现了景区智能导览和自助售票功能，赢得广大游客的好评。

智能导览机器人亮相景区，加快了景区智慧化建设，必将助力太行山大峡谷八泉峡5A级旅游景区、欢乐太行谷4A级旅游景区创建。

2. 案例二：夫子庙景区安保小卫士——机器人巡警

“欢迎来到夫子庙景区，请勿阻挡，我正在巡逻监控。”去过南京夫子庙景区的游客肯定会看到这一幕，一个可爱的大眼睛机器人吸引了游客的目光，如图5-11所示。这个机器人巡警搭载了高清摄像、红外热成像等设备，可实现图像实时传送、全景无死角巡逻及人脸识别，科技感十足。南京夫子庙景区除了投入机器人巡警，还投入了智能机器人清洁车等，景区数字化运营随处可见。

图5-11　夫子庙景区安保小卫士——机器人巡警

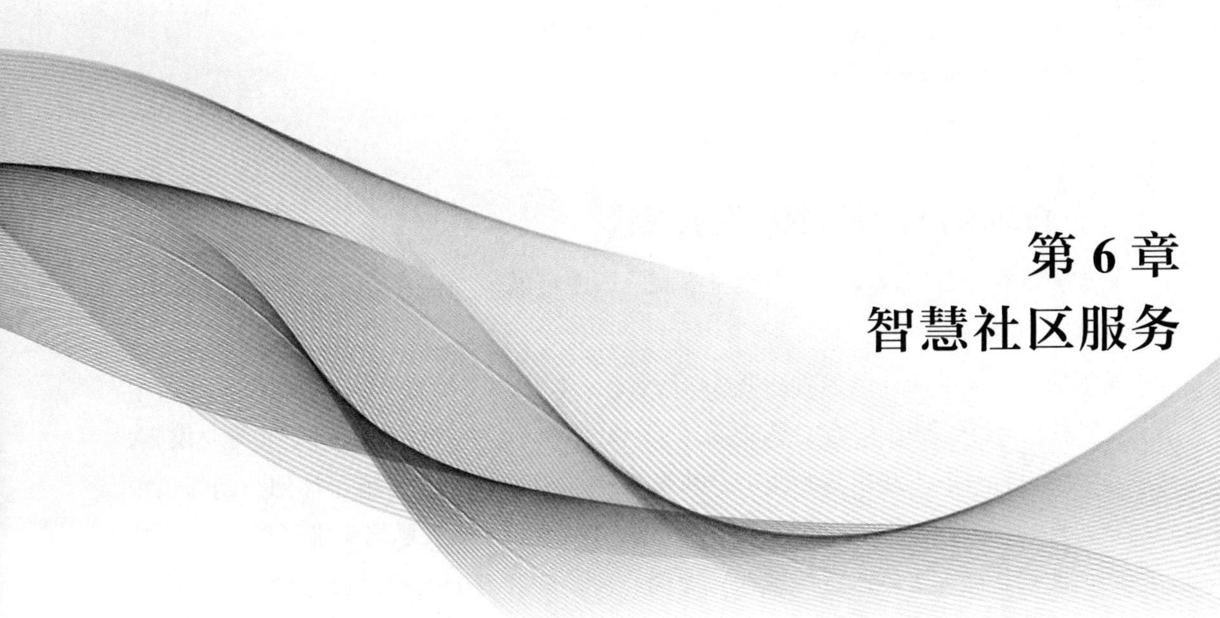

第 6 章 智慧社区服务

智慧社区是在 21 世纪计算机技术迅速发展背景下兴起的一种社区管理新理念和新模式。2008 年，IBM 公司在美国提出并启动世界第一个智慧社区项目，随后微软公司、思科公司等科技公司都成为推动智慧社区建设的重要力量。智慧社区是基于信息化、智能化社会管理与服务的一种新的管理形态的社区，这种社区形态充分利用物联网、云计算、移动互联网等新一代信息技术，为社区居民提供一个安全、舒适、便利的现代化、智慧化生活环境。智慧社区应用融合了多种网络资源，涵盖智能建筑、智能家居、健康医疗、物业管理、节能环保等产业。智慧社区可以充分发挥计算机技术的优势，让居民拥有高效的智能化生活方式，使居民的生活更加高效、安全与便捷。另外，智慧社区的建设能够有效推动经济转型，促进现代服务业发展。

第 1 节　国外智慧社区服务发展现状

智慧社区是智慧城市的一个有机组成部分，属于社区发展的高级发展阶段，能够平衡社会、商业和环境需求。智慧社区通过互联网，运用物联网、信息综合集成、智能控制等技术，将传统的各类社区服务整合在一起，使社区管理者、居民和各种智慧系统形成各种形式的信息交互，给居民带来各种舒适的生活体验。

随着经济的不断发展，城市化进程的逐步加深，早在 20 世纪 90 年代，智慧社区的建设就已在国内外逐渐发展起来。受多种因素影响，各个国家和地区在发展智慧社区方面各不相同，以下介绍新加坡、美国和日本在智慧社区方面的发展现状。

一、新加坡智慧社区服务发展现状

新加坡的智慧社区建设一直备受世界瞩目，并可能成为世界上第一个“智慧国”，其经验值得研究与借鉴。

新加坡一个标准的社区包含约 8 000 户居民，社区内平均分布了 3 所小学、2 所中学、1 个宗教场所、33 个综合游泳中心、1 个足球场、1 个社区花园和 1 批商业设施，其中小学的设置一般不超出步行距离。从最早“居者有其屋”的组屋计划，到邻里中心计划，再到智慧社区计划，新加坡“社区迭代”模式的发展脉络清晰可见。

新加坡智慧社区主要特点体现在三方面，一是颇为健全的社区服务内容，二是相对完善的社区组织机构，三是较为充足的社区服务信息系统。

1. 颇为健全的社区服务内容

新加坡的智慧社区所提供的服务内容非常丰富，基本涵盖了居民日常生活的各个方面，内容包括物业服务、物流服务、商业服务、家政服务、医疗服务和公益服务。

（1）物业服务。新加坡的物业管理模式比较健全，内容也很丰富，除了购房需要到建屋发展局办理外，其他业务都在物业管理公司办理。依据住宅类型的不同，物业管理业务一般分为政府租屋管理模式（市镇理事会管理模式）和私人房产管理模式。业务的内容包括公共设施管理、维修与保养服务、安保服务、停车管理和保洁服务。

（2）物流服务。新加坡社区的物流服务主要以特快专递服务形式体现，基本覆盖了新加坡的每个区域。在时效上分为 1. 5 小时特快、3 小时特快、当天优先和第二天到达，在服务内容上分为特大配送、无限配送、合并配送和单件快运。新加坡政府还把特快专递的跟踪查询网和通用服务网联系起来，以便于跟踪每一件邮件。特快专递可为居民提供“一站式”解决方案，满足居民的快递需求。

（3）商业服务。新加坡的社区商业服务最具特色的是“邻里中心”。“邻里中心”将社区的服务功能和商业功能集于一身，这样不仅大大满足了居民的基本商业需求，还增加了建筑基本功能。“邻里中心”主要经营销售日用品、蔬果、水产、特色农产品等各类中档商品，另配套日常商品商店、诊疗所、餐馆和小贩中心等各类商店。“邻里中心”根据人们的文化交流需要，以居住人群为中心，配以居民生活所需的设施，具有生活延伸性、便民性、城市性和商业性特征。

（4）家政服务。新加坡家庭服务机构的主要任务是为有需要的、贫困的或在危急中的人提供全面、系统的服务，包括家庭生活教育、儿童生活教育、青年服务、婚姻生育和乐龄服务。

（5）医疗服务。新加坡社区医疗服务比较完善，根据所有制不同，主要分为四大类：一是公立医院，主要面向中低收入人群，病人看病时可以得到不同程度的政府补贴；二是私立医院，主要面向富人和政府官员，价格昂贵；三是私人诊所，也称家庭医生，面向邻里社区，但提供的服务较少，价格也不高；四是慈善义务机构，也叫社区保健医院，包括老人院、社区卫生服务中心、康复中心、终端疾病医院、慈善医疗义务中心等，主要面向中老年人，价格低廉。

（6）公益服务。新加坡政府通过走进社区开展社区学生培养和社区体育活动，举办社区慰问活动，进一步增加居民对社区的认同感，有效推动智慧社区的进一步完善和发展。

2. 相对完善的社区组织机构

新加坡的社区组织机构以“建立充满关爱和活力的社区”为目标，以“以人为本，服务至上”为社区管理和服务理念，建立起了“政府主导，社会机构组织，民众参与”的社区管理机制。

新加坡的社区组织机构的主要特点是政府主导、资源整合、民众参与。其自上而下的管理方式，使各方上下贯通，运转协调。新加坡的社区管理体系是典型的政府主导与社区高度自制相结合的模式，是以公共住房政策为平台，社区管理组织机构与各项服务为配套的综合体系，从居民需要出发，让居民随时随地享受到服务。

3. 较为充足的社区服务信息系统

新加坡对于数字技术带来的发展机会关注已久。2006 年，新加坡总理李显龙提出为期十年的“智慧国 2015”计划，以连接（connect）、收集（collect）和理解（comprehend）概括“智慧国”的理念，目标是建立一个安全、高速、经济且具有扩展性的全国通信基础设施（连接），通过遍布全国的传感器网络获取更理想的实时数据并对重要的数据进行匿名化保护、管理及适当进行分享（收集），最终通过收集来的数据进行分析，以更好地预测民众的需求，提供更好的服务（理解）。按计划，新加坡政府将投资 40 亿新加坡元，充分利用通信与信息技术提高新加坡的经济竞争力和创新能力，将新加坡打造为一个智慧的、全球化的城市。

新加坡政府从 2011 年就开始建立数据开源平台，现在已经对社会开放经济、教育、环境、金融、健康、基础设施、社会、技术、交通共 9 个领域的政府数据，为开发人员提供从天气污染信息到出租车信息在内的 14 个 API 数据接口，公司或者个人开发者只要通过 API 接口就能开发如出租车预定或者停车位实时更新这样的手机应用。在这一背景下，新加坡电子商务系统、电子政务系统、社区医疗系统、社区文娱系统等社区服务系统共同组成了智慧社区的中枢。2014 年 9 月，新加坡建屋发展局将智慧技术积极运用到城镇与房地产中，公布了“智慧市镇框架”，包括四方面的内容——智慧规划、智慧环境、智慧住宅、智慧生活，并落实于智慧社区建设。

二、美国智慧社区服务发展现状

美国社区服务体系比较完善，服务内容非常丰富，涉及家政、教育、卫生、治安、福利、慈善等。政府和社区的关系是“掌舵”和“划桨”的关系。政府负责“掌舵”，不再参与“划桨”，政府在促进社区发展和管理上基本采取了“政府负责规划指导和资金扶持，社区组织负责具体实施”的运作模式，政府只负责宏观调控，社区组织和非营利组织承担具体事务。

一方面，社区为居民提供优质、高质量的社区服务。包括社区家政服务，为老人提供各种服务，如送饭上门、送医上门、定期探望、紧急救助等，为儿童提供服务，如安排生日聚会、教儿童学走路和吃饭、教儿童学骑车等。另一方面，很多社区为了某些共同的利益，自发组织了一些非政府组织，直接为社区居民提供具体的服务。美国社区服务设施比较齐全，能够满足绝大部分社区居民活动需要。大多数社区有室外体育场、游泳池、图书馆、健身房等，社区经常会举办丰富的社区活动，以吸引居民参与。美国社区卫生服务机构强调以家庭为中心的服务模式，与附近的综合性医院关系密切。

美国是最先提出智慧城市概念的国家之一。2009 年 1 月 28 日，奥巴马积极回应了 IBM 公司提出的“智慧的地球”概念。2009 年 9 月，美国中西部艾奥瓦州的迪比克市与 IBM 公司达成合作，宣布将建设美国第一个智慧城市：一个高科技的 6 万人社区。迪比克市利用物联网、能源感知、大数据分析等技术，将城市的所有资源（水、电、油、气、交通、公共服务等）都连接起来，将数控水电计量器安装到户、到店，其中使用了低流量传感器技术，监控公共设施和民宅水电泄漏。同时，搭建实时可持续发展的综合监督平台，对信息进行整合、分析和展示。这些措施让政府和市民得以即时监测和调整他们用水、用电及交通出行的方式，并智能化地作出响应，服务于市民的需求，以打造真正节能、可持续发展的城市。美国 2010 年发布了“国家宽带计划”，2013 年发布了“国家统计局战略草案规划”，二者都聚焦于促进信息技术发展层面，成就了美国智慧社区建设的基础。

总的来说，美国智慧社区主要应用物联网、VR、AR 和大数据技术，布置智能楼宇管理系统，大量运用智能仪表及低流量传感器技术的探测器、传感器，以自动识别气压、湿度、温度和室内空气质量，实现自动调节冷暖空调、照明、空气净化等功能。

在路面安装能探测停车位是否被占用的传感器，利用物联网实时收集并传播停车场的信息，同时，还能精确筛选出车位信息，如残疾人停车位、停车位尺寸或免费停车位等。房产公司应用 VR 帮助购房者选房，让购房者省去了看房工作。采用 AR 进行家庭游戏、城市规划及旅游。使用多阶段无线网络辅助系统来提高下载速度，进而可以快速解决一些复杂问题。

三、日本智慧社区服务发展现状

日本社区是日本居民生活的共同体，有着明确的服务对象和服务方式。日本社区服务方式包括家庭服务和集体服务两种。家庭服务就是服务人员到居民家庭中进行服务，集体服务就是将服务对象进行集中后进行服务。日本社区服务内容已经形成一套比较完整的体系，在居民生活的物业、物流、家政、商业、医疗卫生等方面提供全方位、多样化的社区服务。作为一个能源缺乏以及灾害频发的岛国，日本智慧社区的建设与其国情紧密相关，更多的是以节能减排与智慧防灾为重点。例如，横滨大量导入家庭能源、热能水源、光能利用等能源管理系统，建设光伏发电和城市废热利用系统，实现能源管理系统最优管理；东京以街区为单位对地区地震灾害综合危险度进行评估，根据城市开发进度，每隔 5 年对上一版报告进行更新。日本智慧社区的建设从基础设施建设起步，政府通过政策支持，鼓励、引导企业进行资金、人力，以及技术投入，将现代化的信息通信技术、传感设备等应用到社区基础设施建设中，因地制宜，扬长避短，建设特点非常鲜明。日本智慧社区服务主要通过电子商务信息系统、电子政务信息系统、物流信息系统、家政服务信息系统和医疗卫生信息系统五个信息系统实现。

1. 电子商务信息系统

日本社区电子商务信息系统没有一个统一的平台，而是属于各个销售平台，主要的商务信息系统形式有：便利店电子商务系统、生活协同组合电子商务系统。

（1）便利店电子商务系统主要服务于各便利店，其提供的服务以实体店为基础，大体与实体店提供的服务相同，但相较于实体店提供的服务，社区便利店的电子商务系统可以提供更详尽的物品信息和服务说明，而且还新增了许多服务内容，如网络打印、保险商店、送饭服务等。另外，社区便利店的配送效率很高，能在提供多元、快捷服务的同时保持较高的利润率。

（2）生活协同组合电子商务系统提供的服务包括产品服务（食品、旅游、生活指导等）、护理服务（家庭护理、日间护理、访问护理）、福利服务（日常生活帮助）、工作学院（求职、学生交流）、医疗服务（医院、诊所、护理所）、食品教育（儿童烹饪班、农田劳作、参观食品工厂）、送货服务（送货上门），在购买、互助、医疗、住宅等与生活密切相关的各个领域中都有生活协同。

2. 电子政务信息系统

日本实行的是地方自治制度，每个社区都有各自的自治体，每个社区自治体有自己独立的网站。社区电子政务信息系统以宣传和咨询服务为主，包含与社区居民生活相关的所有政府内容，从一个人出生、上学到工作、退休，所有与本社区有关的政策法规都可以在系统中查到。另外，为了使政府各部门及不同组织更好地衔接并为社区居民提供更好的服务，日本建立了区域信息管理系统，将各信息系统（如户口管理系统、各种税务管理系统、各种社会福利及津贴管理与发放系统等）联合起来，直接对居民信息进行管理。

3. 物流信息系统

日本社区物流通过物流信息系统实现。日本遍地的便利店为社区物流发展提供了坚实的设备基础。物流信息系统包括货物跟踪系统、物流管理系统。

4. 家政服务信息系统

日本的家政服务以育婴服务、儿童看护服务、老人服务和家庭保洁服务为主。在这些服务中，以儿童看护服务最完善和最具特色，家政服务信息系统在区域自治团体、学校、家长、地区居民、非营利组织等合作联手下实现了通信畅通、实时掌握儿童的位置和行为，以便相关人员在必要的时候采取行动。

5. 医疗卫生信息系统

日本的医疗服务水平一直处于世界前列，目前大部分日本社区都已经实现医疗卫生电子信息化。日本医疗卫生信息系统的基本功能是社区电子助医和电子病历，并且实现了远程医疗健康管理，经过多次试验与改进，目前在日本已经被广泛使用，其中最具代表性的是 URARA 社区型远程医疗健康管理系统。

此外，日本政府在社区管理中干预较少，其主要为社区建设提供一些宏观上的规划与指导，与社区居民自治相互结合。日本的社区管理具有自律性、自主性、目标性和中立性的特点。这种管理模式更有利于推进社区自主建设，强化居民自主、自治能力。日本智慧社区建设遵循试点先行原则，即在部分城市建立智慧社区试验田，在不断探索与发展中最终形成具有一定特色的智慧城市。例如，千叶县柏市于 2011 年开始在街区范围内开展智慧社区试点，然后在全市范围内推广，并计划在 2030 年实现智慧城市的建设。在数据处理与管理上，日本政府融合了多个职能部门的政务数据，先是在政府内部实现数据共享，然后拓展到各部门之间的数据共通，最后建立起一个统合型的共享数据库。

第2节 我国智慧社区服务发展现状

随着我国经济的快速发展，智慧城市作为新的城市发展模式应运而生。社区作为城市的细胞，是城市的基础，也是智慧城市建设的重要组成部分，社区的智慧化管理水平反映着城市的智能化水平。早在1999年，我国就提出了“智慧化小区”的概念，北京、上海、广州、南京等基础设施建设比较好的城市都把建设智慧社区作为保障和改善民生的具体举措。2012年11月，中华人民共和国住房和城乡建设部（以下简称住房城乡建设部）开始第一批智慧城市试点，智慧社区是智慧城市57个指标中的一项。2013年5月，住房城乡建设部开展第二批智慧城市试点，智慧社区成了一个非常核心的指标。

2014年，住房城乡建设部出台的《智慧社区建设指南（试行）》提出，到2020年要实现50%的社区智慧化。自2020年起，相关部门更是连续多次发文倡导和鼓励智慧社区的推进和建设。移动互联网、物联网、云计算等新一代信息技术的普及，为智慧社区提供了更多可能。未来10年，中国智慧社区的建设将形成万亿元级的市场规模。另外，随着以健康、安全价值为导向的人居新时代的到来，社区适老化、定制化、多功能化的需求变得日渐迫切，智慧社区正迎来历史性的重大发展机遇。

一、我国智慧社区的建设情况

2011年开始，全国各地陆续开展智慧社区的建设。

2011年5月，北京市西城区广安门内街道依托信息化手段和物联网技术建造了“智慧社区”社会服务管理平台，该平台涵盖智慧中心、智慧政务、智慧商务、智慧民生4大部分14个子系统，其所辖的18个社区全部建设了“一站式”综合柜台，可以办理民政、社保等6大类事项中对应的79项业务。社区居民到社区办事，只要在相应终端上刷身份证，再点击需要办理的事项，就可以实现“通办通理”。社区里的老人还可以通过智慧社区系统，与医生沟通。医生可提供专业咨询，还可以提供送药上门、用药提醒、慢性病个人在线健康记录和管理服务。另外，街道通过“智慧社区”

系统将辖区内的100多个商户组织起来，在网上开店，服务涉及餐饮、汽车维修、娱乐健身、五金建材、电器修理、水站等与社区居民生活息息相关的11大类。

上海市浦东新区在2010年启动建设智慧社区。上海智慧社区建设水平不断提高，智慧应用范围逐步扩展。浦东新区开始先后在10个街镇开展智慧社区试点建设，其中陆家嘴街道、南码头路街道、周浦镇、金桥镇4个街镇被列入上海市智慧社区试点。社区居民可以通过“东方有线”的机顶盒，搜索社区周边的菜场、超市等商户的商品价格，选中商品并下单后，商户就会将商品送货上门，居民，尤其是老年人足不出户就能购物、看病、订餐等。智慧社区建设把棘手的养老服务变成了商机。使用智慧网络，给运营商带来流量；购买商品，给商家带来商机；商品配送，给物流企业带来发展……另外，加盟的商家在每次买卖中都会贡献一个公益返点，凭借公益返点，有需要的居民到公益超市就可以享受到补贴。而且，居民参加志愿者活动会获得积分，这些积分被记入“智慧城市炫卡”——一张由中国工商银行与街道围绕智慧社区建设联合推出的多功能银行卡。

2010年12月，上海市浦东新区碧云社区正式启动以营造“安全、便利、舒适、愉悦”的生活为社区建设目标的智慧社区项目。碧云智慧社区的平台分成应用层、服务层、网络传输层、感知层和事物层。其中，应用层是最能展现智慧社区特色且最为重要的一层，而应用层中的碧云大管家（智能家庭信息终端）、碧云智能炫卡、社区信息门户网站、云计算中心是智慧社区的重中之重。尤其是云计算中心，它是碧云智慧社区建设的“指挥官”，对来自社区内的各种信息和数据进行接收、处理、加工、存储、交换、发送，串联起了各个项目，因此云计算中心是智慧社区最中心和重要的一个内容。

2011年7月，上海市原闸北区（现属静安区）启动建设智能家居、居家养老在内的八大云计算智慧社区试点，包括“一站式”服务、劳动就业推进、社区救助、社区维稳、智能家居、居家养老、停车引导、社区商圈等智慧社区应用服务。社区内的老人可以通过一个随身携带的名为“手持式智能云终端”的“小机器”，记录下生理数据，传送至后台，这对行动不便、有健康问题的独居老人来说，无异于多了一个“看护”。社区医生能通过“小机器”，获知老人的历年病历记录、检查报告等，在系统上直接发送药方至社区卫生服务中心，送药上门。

十几年来，各地智慧社区建设重点普遍包含基础设施完善、社区服务水平提高、社区治理能力增强三个方面，个别发达地区注重智慧社区城市管理规划和应急管理的应用。例如，浙江省推广应用社区信息模型平台来进行城市数字化规划、设计和征迁，上海市提出通过建设社区灾害综合监测预警平台来强化应急管理。

二、我国智慧社区建设的主要成就

在信息化和大数据背景下，我国积极推进智慧社区建设，打造数字社区，实现不同地区和部门数据共享，节约了彼此之间的资源。

1. 国家政策环境持续利好，智慧社区建设全面铺开

2020 年，党的十九届五中全会在“十四五”规划中提出加快数字化发展，建设数字中国。为推动数字技术在社会治理领域的应用拓展，进而推动智慧社区发展释放了更多政策红利。之后，国家有关部门颁布了《中共中央　国务院关于加强基层治理体系和治理能力现代化建设的意见》《“十四五”城乡社区服务体系建设规划》。2022 年 5 月 21 日，民政部、中央政法委、中央网信办、发展改革委、工业和信息化部、公安部、财政部、住房城乡建设部、农业农村部 9 部门印发《关于深入推进智慧社区建设的意见》（以下简称《意见》），明确了智慧社区建设重点任务。《意见》提出，到 2025 年，基本构建起网格化管理、精细化服务、信息化支撑、开放共享的智慧社区服务平台，初步打造成智慧共享、和睦共治的新型数字社区，社区治理和服务智能化水平显著提高，更好感知社会态势、畅通沟通渠道、辅助决策施政、方便群众办事。智慧社区建设是加强基层治理智能化建设的重要内容。推进智慧社区建设应按照智慧城市和现代社区的发展要求。紧接着《意见》文件的出台，全国多地结合自身需求及地方特点，出台相关实施意见及细化措施，积极探索智慧社区建设路径。2022 年 8 月 19 日，黑龙江省民政厅、省委政法委、省委网信办、省工业和信息化厅等 10 个部门联合印发《关于深入推进智慧社区建设的若干措施》；2022 年 7 月 27 日，河北省民政厅、省委政法委等 10 部门联合印发《关于深入推进智慧社区建设的实施意见》；2022 年 7 月 7 日，甘肃省民政厅、省委政法委、省网信办、省工信厅等 9 部门联合印发《关于深入推进智慧社区建设的实施意见》；北京市也正在推进智慧社区建设的顶层设计，“数字大脑”正在基层上岗。

2. 科技和互联网赋能，信息基础设施网络化成效显著

智慧社区是以服务为基点，满足居民智慧化、便捷化需求的社区生活方式。因此，智慧社区就是要通过建设智能设备和网络信息化手段，把家庭、服务机构和政府服务结合起来，方便社区居民生活，提升社区居民幸福感。而基于大数据、物联网等现代技术手段的智慧社区建设则使人们的生活更加智能，宜居、高品质且可交互成为智慧城市建设的重要内容。随着新一代信息技术科技革命和新兴产业的深入发展，5G、物联网、大数据、人工智能、区块链等技术逐步从概念走向应用。例如，人脸识别、车

辆识别等门禁系统能够加强社区出入访客管理，智能手环、一键报警、物业联动监控系统等能够实现对独居老人、残疾人等特殊群体的重点关注，购物小程序、在线预约保洁、社区团购平台让居民足不出社区就能满足生活所需……智慧社区平台的建设将社区智能服务联网集中，平台建设能够对社区内的诸多数据信息进行管理与分析，使社区管理和小区治理智能化，使智慧的家居生活不断向社区生活领域延伸，给人们的生活带来日新月异的变化。社区管理服务的信息化平台建设日益完善，这标志着社区治理已经步入现代化的“智能时代”。随着信息技术与社区治理的深入融合，由房地产、物业服务、社区商业围绕“智慧+”共同打造的智慧社区将是智慧城市的标准配备。

3. 社区管理体系日益健全，智慧社区服务平台日趋完善

随着经济社会快速发展，以居委会为主导的社区管理体制正在发生深刻变化，社区服务功能更加强化。以打造民生服务和惠民商业服务为目标，政府、企业建设物联网平台，搭建数字化管理系统，形成社区服务、媒体服务、党政服务、便民服务等综合体系，实现智慧家居、社区安全等线上功能在线下得以落地和体验。使用智能化的设备能够提升社区居民生活质量，其中不仅包括移动通信技术、安全保护技术、自动控制模块等方面的内容，还有社区相关的配套设施，实现智慧医疗、智慧养老、智慧教育、智慧服务等。智慧社区服务内容不断拓展，居家养老、停车引导、就业推进等一系列智慧服务在社区逐步开展。例如，各居民小区的门禁系统、智慧停车系统普遍建立，水费、电费、燃气费等都可以用手机支付，快递送餐服务可以通过手机预定并送货上门或送到小区门口，智慧化生活已经逐步走入千家万户。此外，有些社区还建立了“智慧社区”服务中心，开展了居家智慧养老服务，老年人可以在家通过连接高清电视的智能手机享受一键紧急呼叫联系人、申请上门开展个性化服务、精准定位等服务。社区通过智慧社区平台为居民提供在线缴费、社保查询、咨询投诉、医院挂号、违章查询等服务，实现了社区居民“不出门，可办身边事”的目标。

三、我国当前智慧社区建设存在的主要问题

智慧社区作为社会信息化最基层的触角，目前在我国呈现分布不均、各地发展差距较大的形势，各地智慧社区的发展历程不同，发展水平各异，还存在许多问题，主要表现如下。

1. 技术不成熟，缺乏相应的制度保障

一方面，智慧社区的建设需要大量先进的信息技术作为支撑，通过物联网技术，将关系到居民生活的方方面面关联在一起，连接上互联网，使万物互联，最终让居民

的生活更加便利。而我国各地的互联网技术发展不均衡，沿海发达地区比较成熟，但是更多的地区，如欠发达地区城市以及广大农村地区，智慧社区仍是新鲜事物，地方政府不了解、不重视，财政投入少，发展较为滞后。他们并不具备基础的物联网应用条件，缺少核心技术，智慧社区的相关研发投入少。技术不成熟导致智慧社区的相关智能产品设计不专业，加之智慧社区服务体系包含众多应用系统，不同的系统有着很强的专业性，系统并不兼容。另一方面，建设智慧社区的制度不完善，没有严格规范智慧社区的建设规范，没有足够的政策可以对其中涉及的利益主体进行合理调节，各管理部门各自为政，智慧社区服务体系的资源不能够整合，不能在公共服务和社会治理中发挥价值。在这样的背景下，智慧社区建设存在一定的风险。

2. 缺少专业的服务人才，服务人才体系不健全

建设智慧社区需要大量专业人才作为支撑。在智慧社区建设过程中，无论是手机应用、社区微信群还是智慧社区服务系统、公共信息平台的运营和维护，社区数据资源的管理都需要社区服务人员具有较强的信息化等专业知识。例如，智慧社区建设需要大量物联网专业技术人才；智慧社区建成后的设备维护，需要微电子维修人才，运用专业技术对智能设备进行科学的维护和保养。但是，目前传统的社区服务人员普遍年龄偏大、学历偏低，导致他们无法灵活掌握新技术，社区管理部门也未组织技能培训活动，导致智慧社区在建设的具体实施环节上出现问题。社区现有服务人员承担着大量的行政性工作，既有专业技术水平也无法满足智慧社区建设的需求，这些人员亟须提升自己的互联网专业技术能力及其他现代管理能力。

另外，社区服务人员存在薪资待遇不高、福利水平不理想、发展空间不广阔等问题，导致了社区服务人才短缺、素质偏低、结构亟待优化。因此，除了现有人员对智慧城市缺乏理解，决策能力、专业技术和建设经验都需要不断提升外，专业人才数量严重不足也是导致智慧社区难以快速发展的关键因素。

因此，我国智慧社区建设需要各行各业的人才尤其是互联网专业技术人才。同时，社区要加大对数字化专业人员的培训，定期开展网络技术运用的培训课程，强化社区服务人员对智能化的引进意识，打造一支智能化的专业人员队伍。

3. 各部门各自为政，技术融合存在困境

由于缺乏科学有效的整体规划，政府不同部门之间、政府与企业之间、传统行业与新兴行业之间未能建立互通有无、资源共享的协调机制，各方都在各自领域推动智慧社区建设，但是彼此之间缺少沟通协调，造成了“信息壁垒”。他们之间还缺少统一的评估标准、行业标准，以及建设标准，难以为建设提供指导和规范，各个系统接口复杂，无法实现系统之间的信息共享和互通互联，“信息孤岛”成为社区资源整合面临的最大障碍。信息孤岛的存在，导致社区信息化平台条块分割，独立建设，信息资源不能得到高度共享，智慧社区无法建立数据库，对智慧社区正常运行和公共服务带来巨大影响。

因此，要加强政府部门与高科技企业、科研机构、物业企业等的沟通合作，构建智慧社区合作共建体系，共同推进社区一体化综合信息平台建设，加快数据平台的技术更新和功能系统研发，最大限度地整合社区的组织、治理与服务资源，促进不同资源系统之间的技术兼容和信息共享，实现智慧社区建设多方主体资源的有效分配。

4. 基础设施落后，缺少整体设计规划

高效率的智慧服务体系需要各方的资源条件，必须加强基础设施建设，充分发挥资源最大化的效用。

一方面，在建设智慧社区过程中，基建设施属于关键的硬件支撑，如果基建设施落后，则无法实现真正“智慧”，智慧社区也无从谈起。但是部分社区现在还存在社区用房小、分散，老小区设施差，资金、设施不足，一些社区缺乏长效稳定的经济来源，直接影响社区建设和发展的后劲。政府财政拿不出大笔资金投入社区服务，加上单位和个人向社会公益事业捐助的能力有限，所以在我国社区服务业发展进程中一直存在着服务需求和扩展服务基金短缺这一矛盾。同时，社区的经营性收入不高，决定了社区服务设施一般都比较简陋，不能完全满足智慧社区建设的需要。

另一方面，智慧社区建设是一项复杂的系统工程，但许多地区在构建智慧社区时只重视眼前的服务，而没有长远的眼光与目标。例如，有些社区在建设智慧社区时只是在社区的出入口安装了人脸识别设备，而不进一步思考如何完善智慧社区，将这一智能化概念应用于其他服务之中，这种零散的智能化改造，只会让居民更不方便。或者没有考虑到居民的实际需求，只是想当然地将一些智能设备安装在社区里，整个社区没有整体的规划，显得不伦不类。再或者只是生搬硬套先进地区的智慧社区的设计，盲目跟风，而没有结合当地实际情况，如环境、房屋类型的不同，相关法律法规的差异等，操作性不强，忽略社区公共设施利用率，这就使居民在实际生活中觉得智慧社区不仅没有给自己的生活带来便利，反而使生活更加麻烦了，浪费了社区的人力、物力、财力。

5. 居民观念落后，对智慧社区建设的参与度低

一方面，社区居民习惯于传统的社区服务模式，对智能化的服务方式认知度不高，主观上不愿意接受新的网络服务方式；另一方面，由于智慧社区要求居民对互联网有

一定的了解，能够熟练操作智能化设备，而部分居民对现今的信息化工具比较陌生，无法完全掌握智慧社区中各项设施的使用，这种情况的出现无疑会使智慧社区建设无用武之地。一些社区特别是老旧小区，居住的都是中老年人，这部分的居民普遍对新技术没有概念，对智能化没有准确的理解，这对智慧社区建设来说是一大阻碍。还有一些居民，对社区没有认同感与归属感，导致智慧社区在建设过程中频频受挫。另外，智慧社区存在前端设施缺失、老化、损坏严重、无法运行，网络维护不及时等问题，满足不了社区智慧化管理的要求，这也进一步削弱了社区居民参与智慧社区建设的积极性。

因此，要加大对社区居民进行智能化宣传的力度，让居民亲身体验这种智能化服务带来的便利和快捷。同时可以让居民对智能化服务提出建议，以便社区更好地改进智能化服务模式，探索出更适合居民的智能化特色服务，结合居民的实际生活需求，积极开拓出智能化创新服务项目，打造智能化社区品牌特色。

第 3 节　智慧社区的内涵

一、智慧社区的主要服务内容

针对不同的居民群体类型，应设计不同类型的智能化服务内容，有针对性地为居民提供服务，让居民感受到智能化社区的效果，提升管理效率。

1. 智慧养老服务

我国老龄化现象越来越严重，社区居民中老年群体数量较多。智慧养老服务实际上是运用智能机器人、互联网、大数据、云计算、语音识别、图像处理与计算机视觉、机器翻译、智能系统及设备等先进技术，充分发挥信息技术效能，使老年人的日常生活处于远程监控状态，通过互联网技术加强对老年人的健康管理服务内容。例如，针对失能失智老年人，可通过人工智能手环、智能轮椅、红外线安防系统等智能陪护设备，实时监测使用者的位置、生命体征。当家庭内部产生异常报警时，可以通过互联网自动向老年人亲属、最近机构（医院、派出所等）发起求救。针对非失能失智的普通老年人，可以使用一键式手机、人工智能机器人等产品。人工智能机器人不仅可以根据老年人的语音完成如播放电视、打开日光灯等简单指令，还可以增加人机互动的机会。例如，机器人可通过情景模拟讲故事，照护老年人的日常生活，利用人工智能技术实现与老年人沟通交流，缓解老年人生活的孤独感。另外，可以通过智能产品终端，如相关 APP，快速响应老年人服务需求，建立亲情式服务模式，同时为子女建立健康账户，可实时查询了解父母健康信息，打造新型亲情关怀模式。

2. 智慧电商服务

智慧电商服务是指在社区内的商业贸易活动中，实现社区居民的网上购物、商家之间的网上交易和在线电子支付以及各种商务活动、交易活动、金融活动和相关的综合服务活动，社区居民无须出门即可无阻碍地完成绝大部分生活必需品的采购。

为社区居民营造方便快捷的便民生活服务，可为商家提供小区商圈购物平台，扩大智能化服务范围。一是实体类，如餐饮店、蔬菜水果店、花店、药店等。二是服务类，如健身、美容美发、干洗、家政、租车、快递收寄、通信服务等。利用线下线上相结合的服务模式，多渠道为商家带来更多经济效益；满足居民足不出户的生活购物需求，提供周边优惠信息，最大限度地保障居民的便民生活服务。

3. 智慧物业服务

社区物业服务质量的高低关乎社区群众的居住安全，搭建物业管理信息化平台，打造智慧物业服务，社区居民可享受到线上下单购物、缴纳各种费用、查看物业各项通知的电子“管家”服务。

社区物业服务同时对接物联网系统和政务系统，可实现社区数据互联、业务并联，提供社区安防手机开锁、云对讲等智能化物业服务；通过电子引导屏、手机 APP，可提供智能调配车位、无感泊车服务，有效利用紧张的停车位资源，开展社区车位分时租赁业务，拓展物业运营新模式。

4. 智慧技防

智慧技防是综合运用物联网、大数据、移动互联网等技术，全面促进信息化与安防、消防业务工作的深度融合，包括门禁系统、监控系统、视频对讲系统、报警系统等。社区围界设置红外线防范系统，各社区围栏安装射线防翻越设备，如有违者触发报警器，警卫室可立即收到报警。电子定位系统功能可确保安保人员按系统自动生成路线巡更，用技术手段来督促人防。门禁系统包括人员进出和车辆管理系统，在社区或车库出入口设置车辆出入一卡通或者自动识别管理系统，能更精准地识别来人或来车是否为该社区的业主或车辆。人员进出除了刷卡或者使用手机感应系统，还有可视电子对讲访客系统、视频对讲系统、住宅报警系统，这些系统不仅能起到保卫家庭安全的作用，还能帮助业主在受伤、突发疾病时及时向物业工作人员求救。智能消防管理可将社区内所有灭火器等防火器材的放置地点准确录入社区网络，居民在意外发生时便可通过社区网络准确找到器材进行灭火。另外，增加红外线测温、零接触配送等防疫功能模块，险情警告能及时报送物业，触达业主，极大提升社区防控效率，通过人工、视频巡更结合方式，为社区安防、消防提供双层保障。通过这些信息系统和技术，社区可部署全方位监控，建立三级防控体系，构建复杂楼宇的立体化、全覆盖的社区技防体系。高级别的技防保障可以大幅降低社区内发生不良案件的概率，智能的社区控制可以给居民提供一个友好、安全的居住环境。

二、智慧社区发展战略

随着互联网的发展，以及建设数字中国步伐的加快，智慧社区行业备受关注。结合我国发展实际，探索一条适合我国智慧社区的发展之路成为重中之重。基于智慧社区服务系统的整体定位和发展目的，服务系统发展战略的制定必须分离社区的信息化建立现状，智慧社区服务系统的发展战略以社区根底信息管理、社区交流、电子商务、物流、物业与综合监管、电子政务、智慧家居、医疗卫生、家政服务等作为中心功能，以政府、社区居民、物业公司、居委会、商贸业、物流业等作为服务对象，借助智慧社区先进的管理思想和现代化的网络信息技术，探寻适宜的发展战略。

1. 协同联动发展战略

智慧社区服务系统牵涉的利益和服务主体多元化，当前较为常用的模式为政府主导、企业参与，居民、企业和政府合作程度依然不高。同时，在建设智慧社区过程中，政府投资占较大比重，社会资金的参与程度较低，这不仅不利于社区后期的正常运营，还会为地方政府增加财政负担，不利于智慧社区在全国范围内的推广。因此要强调政府、市场和社会，如商贸企业、物流企业、物业公司、医疗机构等共同参与。统一思想，加强领导，才能形成各方面支持社区建设的良好氛围。例如，社区的电子商务和物流配送要协调配合才能保证居民快速选购和收到商品。因此，只有政府、居委会、智慧社区各项服务的提供者等不同主体之间协调联动发展，才能保证智慧社区的建设及运营状况良好，真正发挥作用。

2. 产业链发展战略

智慧社区系统平台可实现综合管控功能，数据互享、互联互通、社区电商、物业管理、财务管理全打通，在新的市场环境下，智慧社区建设已经从单纯的设备制造商、系统集成商主导，变为各方参与、互利共赢的局面，产业链上下游涉及房产开发商、物业或社区运营商、业务提供商、设备提供商、系统集成商、电信运营商、社区居民等。在这个产业链中，存在着上下游关系和价值的相互交换，上游环节向下游环节输送产品或服务，下游环节向上游环节反馈信息等。

3. 服务一体化战略

智慧社区的服务系统，一方面，要在政府的主导下，运营商、解决方案提供商、业务提供商密切配合，各尽职责，最终为社区居民提供优质的服务；另一方面，要政府、居委会、智慧社区各项服务的提供者等不同主体之间协调联动，共同发展，为智慧社区的建设和运营提供保障。这两方面相结合，纵向、横向协同发展。

4. 渐进式发展战略

由于智慧社区处于不断摸索阶段，社区信息化建设程度良莠不一，智慧社区的建设还处在相对薄弱的阶段，制定分阶段的渐进式发展战略更有利于智慧社区系统的建设和实施：第一步，建设基础硬件和软件设施，包括基础智能设备和网络环境；第二步，建设核心业务系统，包括对智能社区中各个子系统的建设，如社区交流服务系统、社区电子商务系统、社区物流服务系统、社区智慧家居系统等；第三步，通过综合集成完成整个服务系统的建设，包括支撑环境建设、系统数据集成、经营管理决策、标准化建设、系统开发实施等；第四步，建设支持政府和智能社区管理层的决策支持系统，包括建立数据仓库、实时数据挖掘、辅助决策支持等，为提供智能决策支持。

三、智慧社区运营模式

智慧社区建设要以“满足物业、政府、居民和商家需求”为出发点和落脚点，将社区内的各类信息系统和资源进行整合，利用新一代信息技术，对社区管理及服务进行智慧化改造，搭建统一的社区服务平台，以点带面，逐步实施，营造社区节能、环保、平安的生活环境，以丰富和改善社区居民生活服务。而智慧社区服务系统的运营一般有政府主导、企业主导、委托第三方运营和混合模式。

1. 政府主导模式

政府主导模式就是智慧社区服务平台的规划、建设、运营维护，以及依托平台开展的相关服务均由政府负责。在该模式下，政府负责规划及出资建设，并且协调各方资源，吸引物流企业、商贸企业、家政服务企业、信息技术企业、医疗卫生机构、物业和金融企业等单位进入平台，同时开展平台日常运营、维护及相关服务。在政府主导模式下，由于有政策支持，政府主导和宏观调控能力强，因此沟通协调比较便利，易于实现与其他各方的顺畅协作。但是服务效率较低，建设成本和运营费用高，需要政府长期投入。

2. 企业主导模式

区别于政府主导模式，企业主导模式即除了政府的政策外，其他如智慧社区服务平台的规划、建设、资金投入、运营维护，以及依托平台开展的相关服务等均由企业完全负责。在该模式下，智慧社区建设企业负责与物流企业、商贸企业、家政服务企业、信息技术企业、医疗卫生机构和金融企业等单位沟通合作，利用自身技术和资金，开展日常运营、维护及相关服务。由于企业主导智慧社区的建设和运营，实现了市场化运作，企业可以依据应用需求及时调整和改善平台的服务水平，运营管理比较灵活。但是，与政府主导模式相比，此模式下，企业行为受限于政府政策约束，具有一定的局限性，整体规划性欠缺，而且这种模式对企业的融资能力要求比较高。

3. 委托第三方运营模式

委托第三方运营模式是指由企业出资，自行建设智慧社区平台并将其运营、维护及依托平台开展的相关服务全部或部分外包给能提供运营服务的第三方企业，如物业公司。在该模式下，平台的投资、规划和建设由企业负责，第三方运营企业负责平台的日常运营、维护及与物流企业、商贸企业、家政服务企业、信息技术企业、医疗卫生机构和金融企业等单位的沟通合作。这种模式可减少运营初期的投资，减少资金压力，引进专业的第三方运营企业可以弥补投资方在平台运营和维护方面经验的不足，提高专业化能力和水平。但是平台创造的收入将与第三方共享，降低了投资方的利润，且内部数据信息也将对第三方有条件地开放。

4. 混合模式

混合模式即政府与相关企业进行战略合作，政府为智慧社区服务平台提供政策支持、技术引导和协调沟通，企业为平台建设提供技术支持、资金投入和其他支持，第三方运营企业提供后期的运营和维护。该模式综合了其他模式的特点，政府除了负责智慧社区服务平台的软环境建设和政策支持外，还能在后期监督服务平台的运营和维护情况，从宏观上对智慧社区服务平台的管理进行综合协调；而企业利用自身的资金和技术优势，保障智慧社区服务平台的正常运作和迭代更新；第三方运营企业专业的运营服务可以最大限度地满足社区居民的需求，提高智慧社区服务平台的使用效率。

综上所述，智慧社区服务平台建设和运营是一个系统工程，还需要不断地探索，同时，每个城市社区服务模式都有各自的特色，因而在构建智慧社区模式时，需要结合每个社区的实际服务现状，打造具有自身社区特色的智慧社区。

第4节　案例分析：正荣智慧社区

正荣智慧社区从本质上来说是互联网+物业服务的体现。正荣智慧社区着力打造的O2O（线上到线下）业主生活圈，依托一个名为“幸福家园网”的网络平台得以实现。通过这个平台，正荣企业与居民、供应商构筑起一个专属的“圈子”。通过这个“圈子”，居民可享受便捷的“一站式”服务，建立起以兴趣、服务、消费为主导的O2O业主生活圈，享受以大数据处理为依据的智慧化生活，让生活变得更放心、舒心、开心。例如，居民通过手机APP，可以远程遥控家里的电器，在炎炎夏日里提前开启家中的空调，回家即可享受清凉；通过正荣物业提供的“净膳净美”服务，居民可以在这个平台上预订莆田文旦柚、福建海鲜、江西赣南脐橙等各色“正荣特产”。

一、正荣智慧社区的发展过程

正荣社区紧跟时代和社会发展，秉承智慧理念，研发正荣智慧生活体系，创领未来智慧人居，追随体验新时代，营造安全舒心的居住环境，赋能美好生活。

正荣智慧社区体系不是一蹴而就的，而是经历了一个持续探索、总结、升级的过程。

第一阶段（2018年前），社区公共区域智能化标准初步形成。在前期探索过程中，正荣企业以智慧先行的意识和理念，凭借积累多年的社区公共区域智能化建设经验，归纳总结，形成标准化体系的雏形，并在全国项目中部分落地使用。

第二阶段（2018—2019年），家居智能化标准初步形成，公共区域智能化、区域化完成。结合大趋势及人居需求，正荣企业发布《正荣地产住宅（含底商）智能化建造标准》，初步建立社区公共区域部分全国性及区域智能化标准模板，同时发力室内智能家居部分，提供家居智能化可选菜单，给居民带来更直接的便捷生活体验。

第三阶段（2019—2020年），家居智能化试点和公共区域智能化落地。结合市场需求，形成多个家居智能化样板项目落地，获得市场良好评价；过程涉及无线和有线系统两类系统，十多个主流品牌，二十多个主流配置，并进行相应分析，最后选定五大高分配置；公共区域智能化区域标准持续落地，体系持续完善，与各产品线适配。

第四阶段（2020—2021年），智慧社区理念升级。正荣企业凭借前期各项目经验以及与行业对标，形成融合“家居智能化”和“公区智能化”的理念，关注人居生活场景体验 110 余个，系统性、针对性提升总结，强调“室内室外相结合”的全维智慧生活，发布正荣智慧社区场景规划白皮书，且在现代科学的助力加持下，完善形成全新的正荣智慧社区体系，如图 6-1 所示。

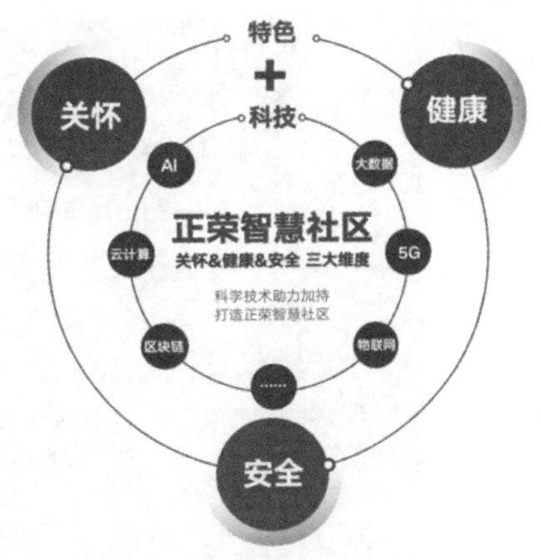

图 6-1　正荣智慧社区体系

第五阶段（2021 年开始），正荣智慧社区落地完善。正荣企业以正荣智慧社区场景规划白皮书为总纲，建立完善的智慧社区体系，引入阿里云 IoT 平台，整合平台建设，集物业服务、智能家居及智慧公区于一体。未来，居民可通过 APP（或小程序）接口控制智能家居，获取公区信息。正荣企业将修订升级智慧社区建造标准，明确各产品线统一配置原则，并将在全国范围内逐步落地智慧社区各场景，为居民提供健康安全贴心的智慧服务。

对正荣企业而言，智慧社区不只是前沿科技的更迭，更是智能服务的落地，让居民生活更为便捷。正荣智慧社区先期以厦门翔安正荣府为载体，集中优势资源研发落地，获得了中国智慧建筑二星级预评价，成为首批“中国智慧建筑标识”的项目之一，这也标志着正荣企业在智慧社区体系建设上迈出了坚实有力的一步。

行百里者半九十。未来，正荣企业将以项目为载体，将智慧社区纳入地产产品战略，以点带面逐步落地，贴心守护社区居民的智慧幸福生活。

二、正荣社区的多功能智慧模块

科技改变生活，科技给社区服务带来全新的思考和创新。“互联网+社区服务”让社区服务能够更为轻松地从传统的桎梏中脱身，从而让企业经营者实现向资源整合者角色的转换。

2021 年，在“十四五”开局之年的背景以及“双碳”目标下，房地产行业积极践行绿色化、低碳化、智慧化发展已是大势所趋。正荣企业将先进智能人居系统引入社区，通过“智”联中枢、“智”悦人居、“智”享健康、“智”在通行、“智”拥安心五大全方位、场景化的智能模块（见图 6-2），围绕“关怀”“健康”“安全”三大维度，积极探索智慧社区的新形势，充分运用现代科技，强化社区物业管理物防、技防、人防建设，营造全龄安全、全方位健康防护、多功能场景化的智慧社区。

1.“智”联中枢

业主登录智慧社区平台用户端 APP，即可实现一键呼叫管家、报事报修、缴费、

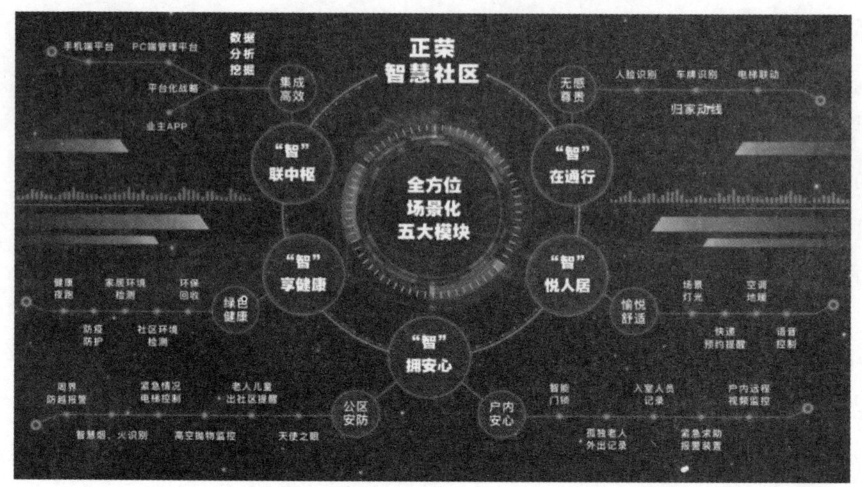

图 6-2 正荣智慧社区安心五大全方位、场景化的智能模块

购物等功能。远程操控的便捷智能体验和科技赋予住家温度的人居“智”感，全方位提升生活幸福指数。

2. “智”悦人居

智能家居配置，从具备“六合一”开锁方式的智能门锁，到集照明、空调、窗帘、音乐等系统控制于一身的超级智能开关，再到能控制水管通畅的电磁水阀……“细节控”的智慧细节，让居家体验更加舒适。

3. “智”享健康

社区主入口设有无感式红外体温筛查，筑起社区的第一道安全防线，所有人进出小区可实现无接触体温快速排查，为业主带来更安全、更健康、更放心的社区环境，“智”享健康生活。

4. “智”在通行

社区出入口采用人脸识别系统，实现 AI 人脸识别，守护家人安全，若有访客、快递人员或其他特殊人群出入小区会在移动端实时提醒，并联动户内智能设施。同时利用带人脸识别的可视对讲梯口机，享受人到门开，无感刷脸通行的尊贵感。还在担心好友被门禁拒之门外吗？正荣智慧社区的业主只要确认对讲主机发送的开锁信号，即可为好友放行。“智”在通行模块，秉承智慧理念，为居民提供更为高效便捷的生活。

5. “智”拥安心

“天使之眼”监控系统 24 小时实时监控，业主可直接通过手机 APP 查看相应活动区域监控画面，避免出现老人走失、儿童被陌生人携走的风险。还在担心突如其来的“天外飞物”吗？高空抛物监控系统让高空抛物无处遁形，为业主创造安全的生活环境。“智”拥安心模块于细微处尽心守护，为业主营造安全舒心的居住环境。

三、正荣智慧社区落地场景

1. 以微信平台为依托，推出全国首个微信定制社区

2015 年 11 月 7 日，正荣物业携手微信，推出全国首个微信定制社区，成为“智慧社区”的示范点。

正荣智慧社区平台包括软件、硬件、管理三个部分，统称为“正荣幸福家”平台。平台共有四大功能，分别针对人、车、物、服。针对“人”，正荣智慧社区可以实现脸部识别，访客刷二维码进门。针对“车”，正荣智慧社区推出车辆自识别系统，通过高清摄像头拍摄，取得车牌号，在后台进行数据匹配，然后自动放行，还有车辆灯光引导系统，始终为社区居民照亮前方 15 米的道路。针对“物”，报事报修，居民在微信平台下单，然后由业务员抢单。针对“服”，利用微信支付平台，社区居民可以解决水、电、物业的缴费，出入境护照的办理，以及医院门诊预约的办理等。

在互动电视的正荣智慧社区窗口，可见“润城家园”“通知通告”“我的管家”“便民缴费”“预约挂号”“街道政务”等功能，该平台与“正荣幸福家”平台一起，成为正荣微信定制社区两大线上平台。社区居民打开手机或电视，在“正荣幸福家”微信服务号上即可实现免费 Wi-Fi、滴滴报修、在线缴费、活动召集、访客二维码通行等功能，让“互联网+社区”更接地气。借助“幸福家平台”，正荣物业形成了独特的多元化格局，在社区 O2O、社区医疗、社区教育，以及社区金融等领域深入构建智慧社区。

2. 以科技为抓手，从需求出发，全方位升社区居民生活质量

（1）从居民视角出发，正荣智慧社区从安全、健康和关怀三个方面，由满足基础需求逐步提升到满足高等需求。

安全方面，如高空抛物监控和消防通道占道报警功能。高空抛物监控是指用视频监控系统对高空抛物事件进行监控和记录，便于后期事件可追溯，有效起到威慑作用，减少高空抛物事故概率。消防通道占道报警是指用视频监控系统对消防通道进行监控，并结合 AI 算法，当消防通道上有物体占据时，系统会自动将处理需求发给服务方，便于服务方线下处理，大大避免了因消防通道被占用而延误施救的情况。

健康方面，如智能家居新风控制、人脸识别出入口通行、防疫测温检测功能。智

能家居新风控制是指室内空气质量检测器会根据室内空气质量自动开启新风，改善室内空气质量的场景。人脸识别出入口通行是指社区出入口通过人脸识别来进行控制的场景。防疫测温检测是指进入小区的人员会自动进行体温检测，并在入口处预警，提醒服务方线下处理，为社区健康安全设置一道防线。

关怀方面，如离园通知和“天使之眼”功能。离园通知是指居民可以通过注册把儿童或者需要特殊照顾的老人人脸录入智慧社区系统中，通过视频监控系统结合 AI 算法，当儿童和老人离开社区时，APP（或小程序）会向居民推送离园通知，方便居民知悉儿童和老人的情况，防止走丢。“天使之眼”是指服务开启部分社区视频监控（如社区内健身区和儿童区监控）权限，业主可以通过 APP（或小程序）远程查看家人在这些活动区域的活动情况。

（2）从社区服务视角出发，正荣智慧社区提供更高品质和更高效率的服务。

提高品质方面，如离岗监测和访客出入口管理功能。离岗检测是指基于视频监控系统和 AI 算法，对社区内各个物业岗进行检测，确保物业岗的人数，当有人员离岗时，系统报警至后台。这种方式可确保物业服务人员充足，随时为居民服务。访客出入口管理是指居民在有访客时可以自行从 APP（或小程序）申请，设定访客信息和来访时间，并发送短信二维码给访客。居民还可通过 APP（或小程序）为访客代付停车费，提升访客体验。

提高效率方面，如一键报事报修、一键缴费和设备自动化管理功能。一键报事报修和一键缴费是指居民可以通过 APP（或小程序）来完成相关事宜，而不再需要打电话或线下去物业部门处理事务，这充分提高了效率。设备自动化管理功能则可以减员增效，调整服务人员岗位比例，把有限的人力尽可能投入一线服务岗位。

附录

现代服务业新技术应用研修计划（参考）

高技能人才能力提升培训班（三天）

时间	内容	地点
第一天		
8：30—9：00	报到	310 会议室
9：00—9：30	中共中央办公厅、国务院办公厅《关于加强新时代高技能人才队伍建设的意见》学习	310 会议室
9：40—11：10	5G 技术的发展与应用	310 会议室
11：15—11：45	现场交流互动	310 会议室
11：45—12：15	用餐	培训中心二楼餐厅
13：00—15：00	智慧社区服务	310 会议室
15：10—15：40	现场交流互动	310 会议室
15：40—16：00	有关现场教学和基地参观事项布置	310 会议室
第二天		
8：30（发车）	全天参观和现场教学	培训中心一楼大厅（集合）
	高技能人才培训基地、技能大师工作室现场参观、现场教学及交流	现场
第三天		
9：00—11：00	数字化营销	310 会议室
11：10—11：45	现场交流互动	310 会议室
11：45—12：15	用餐、拍集体照	培训中心一楼大厅
13：00—13：50	工匠精神、优秀技能人才素质要求	310 会议室
14：00—15：00	技能大师工作室建立和运作	310 会议室
15：15—16：00	结业仪式	310 会议室

高技能人才能力提升培训班（五天）

时间	内容	地点
第一天		
8：30—9：00	报到	310 会议室
9：00—9：30	中共中央办公厅、国务院办公厅《关于加强新时代高技能人才队伍建设的意见》学习	310 会议室

续表

时间	内容	地点
9：40—11：10	5G 技术与应用	310 会议室
11：15—11：45	现场交流互动	310 会议室
11：45—12：15	用餐	培训中心二楼餐厅
13：00—15：00	数字化营销	310 会议室
15：10—16：00	现场交流互动	310 会议室
第二天		
9：00—11：00	智慧零售服务	310 会议室
11：10—11：45	现场交流互动	310 会议室
11：45—12：15	用餐	培训中心二楼餐厅
13：00—15：00	技师工作室管理与运作	310 会议室
15：10—15：40	现场交流互动	310 会议室
15：40—16：00	有关现场教学和基地参观事项布置	310 会议室
第三天		
8：30（发车）	全天参观和现场教学	培训中心一楼大厅（集合）
	高技能人才培训基地、技能大师工作室现场参观、现场教学及交流	现场
第四天		
9：00—11：00	智慧社区服务	310 会议室
11：10—11：45	现场交流互动	310 会议室
11：45—12：15	用餐	培训中心二楼餐厅
13：00—15：00	企业技能教练与带徒方法	310 会议室
15：10—16：00	现场交流互动	310 会议室
第五天		
9：00—11：00	服务机器人与智能服务	310 会议室
11：10—11：45	现场交流互动	310 会议室
11：45—12：15	用餐、拍集体照	培训中心一楼大厅
13：00—13：50	工匠精神、优秀技能人才素质要求	310 会议室
14：00—15：00	技能大师工作室建立和运作	310 会议室
15：15—16：00	结业仪式	310 会议室